잠자기 전 15분,
아이와 함께하는 시간

아이의 정서가 몰라보게 안정되는 즐거운 교감 육아

잠자기 전 15분, 아이와 함께하는 시간

이영애 지음

위즈덤하우스

프롤로그

내 아이가 진정으로 원하는 것은

24개월 된 수민이는 낮잠도 길게 자지 않고, 밤에도 쉽게 잠들지 않습니다. 자장가를 불러주기도 하고 업어서 흔들어주기도 하고, 때로는 아이를 유모차나 자동차에 태워서 움직여주어도 계속 칭얼거립니다. 잠이 들었다가도 작은 소리에 금방 깨버려서 아이를 키우는 것이 너무 힘이 듭니다.

3세가 된 예나는 하루 종일 놀고 또 놀았지만 지치지 않습니다. 급기야 밤이 되었는데도 잠을 자지 않고 더 놀겠다고 칭얼거리다가 결국은 거실에 있는 텐트 안에 들어가서 나오지를 않아요. 엄마, 아빠가 아무리 "이제는 잘 시간이야. 내일 또 놀 수 있어"라고 설득하고 좋은 말로 타일러도 소용없어요. 거실에 불을 다 끄고 엄마, 아빠가 방에 들어가는 척해도 전혀 무서워하지 않아요. 결국 호되게 혼을 내서 아이를 울리면 잠을 자면서도 흐느낍니다. 아이에게 상처를 주는 것은 아닌지 마음이 무겁습니다.

4세가 된 준이는 엄마가 옆에 없으면 잠을 자지 않습니다. 아이가 잠이 들었다는 것을 확인하고 일어나 방에서 나오려고 하면 어떻게 알았는지 금방 깨서 "엄마~" 하고 찾습니다. 한밤중에 살짝 깨면 어김없이 손으로 옆자리를 더듬으면서 엄마가 있는지 없는지 확인하고 엄마가 있어야 안심하고 잠을 잡니다. 이런 일들이 반복되다 보니 정말 잠자는 시간이 부담스럽습니다.

5세 철이는 쉽게 잠들지 못해서 동화책을 읽어주는데, 20권을 읽어주어도 눈이 더 똘망똘망해지고 계속 더 읽어달라고 합니다. 아이에게 책을 읽어주다가 목이 쉴 지경입니다.

6세 민영이는 잠을 자면서 "하지 마! 이거 내 거야!", "엄마 미워!"라는 식의 잠꼬대를 많이 합니다. 아이가 밖에서 너무 스트레스를 받고 있는 건 아닌지 걱정이 됩니다. 그래서 잠자기 전에 함께 누워서 이야기하는 시간을 가졌더니 밤마다 그날 속상했던 아주 작은 일들까지 울면서 쏟아놓아서 잠드는 시간이 점점 늦어지고 있습니다. 계속 이렇게 시간을 보내도 되는 걸까요?

6세 정아는 지난밤에 무서운 꿈을 꾸었다고 오늘 밤은 자지 않겠다고 고집을 부립니다. 또 그런 꿈을 꾸면 어떻게 하냐고 무서워해서 괜찮다고 해도 잘 달래지지 않습니다.

이 이야기들은 20년 동안 상담 현장에서 많은 어머니들이 호소한 어려움들입니다. 사실 결혼 전에 TV나 영화 속에서 접했던 밤 시간의 풍경은 이와 다르지요. 아이들은 예쁜 잠옷을 입고 침대에 누워 있고 엄마는 옆에서 책을 읽어줍니다. 그러다 보면 아이는 곧 잠들고 엄마는 인자한 미소를 지으면서 아이 이마에 굿나잇 키스를 해주고는 살짝 문을 닫고 나오지요.

그 장면을 보면서 나도 이렇게 교양미 넘치게 아이를 키울 수 있으리라 생각하지만 막상 결혼해서 아이를 낳고 보면 이런 풍경은 저 멀리 사라지고 맙니다. 하루 종일 육아 전쟁에 시달리는 엄마들은 아이들이 잠들어 고요해질 밤 시간을 기다리며 버티는데, 아이들은 좀처럼 잠을 자려고 하지 않을 때가 많습니다. 결국 아이들과 잠과의 전쟁을 한판 벌이고 나면 또 금방 아침이 와버리지요.

사실 아이를 키우는 과정은 날마다 도전의 연속입니다. 수학 공식처럼 하나의 완전한 해결책과 답이 있어서 금방 풀 수 있는 것도 아니고, 때로는 그 누구의 조언도 통하지 않을 때가 있다 보니 힘겨울 때가 한두 번이 아닙니다. 실제로 어떤 어머니는 "제 인생에서 제일 풀리지 않는 숙제예요. 그동안 살면서 그렇게 큰 굴곡이 없었는데, 육아만큼은 정말 제 마음대로 되지 않네요. 선생님, 정말 좌절감이 많이 들어요"라고 양육의 어려움을 호소하기도 했습니다.

사실 아이를 키울 때 '아~ 내가 이렇게 하니 아이가 이렇게 달라지네'라는 양육 효능감이 있어야 좀 더 기운을 내서 아이를 키우게 되는데, '도대체 나보고 어쩌란 말이야. 왜 이렇게 안 되는 거야'라는 좌절감을 많이 느끼게 되면 양육 스트레스가 높아지고, 그 결과 '난 아무래도 엄마 자격이 없나봐', '차라리 일을 할걸' 등과 같이 엄마 역할에 대한 회의감이 생기게 됩니다. 이에 더하여 점점 아이에게 섭섭한 마음도 커지게 됩니다. 어떤 어머니는 "전생에 제가 무슨 업보가 있어서 이 아이를 내 아이로 맞이하게 되었나 몰라요"라고 흐느끼기도 합니다.

자, 그럴 때마다 우리는 나보다는 아이를 먼저 생각해봐야 합니다. 엄마도 이렇게 힘든데 아이는 오죽하겠습니까. 아이는 나름대로 살아남으려고 몸부림치고 있는 것입니다. 그 몸부림을 통해 아이가 엄마에게 전달하고 싶어 하는 것이 무엇인지 이해해야 합니다.

아이들이 어리면 어린 대로, 크면 큰 대로 그 발달 시기에 따라 경험하게 되는 어려움들이 있습니다. 2세까지는 대부분 잘 안 먹고, 잘 안 자고, 잘 울고, 대소변을 잘 못 가리는 등의 문제로 씨름하게 되고, 그 이후부터 학교에 입학하기 전까지는 대부분 애착, 고집 부리기, 버릇 잡기 등의 문제가 부모들의 큰 걱정거리가 됩니다.

그래도 이제는 육아방송이나 육아서적을 통해 부모 교육이 많이 이루어져서 부모들은 아이의 '정서'에까지 관심을 기울이려고 애씁니다. 아마 이 책을 읽고 있는 부모님도 그런 분이겠지요.

하지만 아이가 학교에 입학하면서 상황은 급변합니다. 그나마 그

전에는 "○○○ 했구나", "속상했구나" 등과 같이 아이의 마음을 읽어주는 대화를 하려고 노력하던 분들도 변심을 해서 대부분 "공부했니?", "숙제했니?", "학원 잘 다녀왔니?"처럼 학습과 관련된 이야기로 하루해를 넘기게 됩니다. 결국 이런 전쟁터 속에서 아이들뿐 아니라 부모들도 병들어가게 됩니다.

하루 종일 아이는 아이대로 바쁘고 부모들도 각자 해야 할 일들로 바쁘게 생활하다 보면 오늘 내가 아이랑 함께한 게 뭐가 있나 돌아봤을 때, 아이에게 뭔가를 열심히 시키고 가르치기는 했지만 정작 편안하게 마음을 나누고 대화를 한 시간은 없었다는 사실을 발견하고 놀랄 때가 많을 것입니다.

아이들이 진정으로 원하는 것은 무엇일까요? 내 아이를 가장 행복하게 만드는 것은 무엇일까요? 바로 부모님과의 좋은 관계입니다. 아이들은 부모님이 자신에게 관심이 있고, 자신을 사랑한다는 것을 함께 마음을 나누는 시간 속에서 더 생생하게 느낄 수 있습니다.

낮에는 너무 분주해서 이런 시간을 놓쳤다면 아직 더 좋은 기회의 시간이 있습니다. 사람이 가장 정직해질 수 있는 시간, 편안하게 마음껏 늘어질 수 있는 시간, 바로 밤 시간입니다. 이 시간을 잘 활용한다면 아이들이 낮 시간에 경험한 스트레스를 해결해줄 수도 있습니다.

자, 지금까지는 이 시간마저 잠을 빨리 자지 않는다고 호통을 치며 허무하게 보냈다면, 이제부터는 잠자기 전의 이 시간을 아이와 부모 모두에게 하루 중 가장 행복한 시간으로 한번 만들어보세요. 이제부터 그 방법을 알아보도록 하겠습니다.

일러두기

- 책 속의 아이 나이는 만으로 표기했습니다.
- 5장과 6장의 교감 방법들을 매일 실천해보세요. 아이가 엄마의 사랑과 관심 속에서 무척 밝아지고 마음이 안정되는 것을 느낄 수 있습니다.

차례

프롤로그
내 아이가 진정으로 원하는 것은 … 4

Part 1 아이와 함께하는 시간의 힘

세상과 사람에 대한 믿음이 자라납니다 … 17
행복해지는 마음의 힘, 자존감이 성장합니다 … 20
말로 자신의 마음을 표현할 수 있게 됩니다 … 23
공감이라는 마음의 근육이 자라납니다 … 26
다른 사람과도 좋은 관계를 맺게 됩니다 … 29

Part 2 왜 잠자기 전 15분인가

긴장을 이완시키는 휴식의 시간 … 35
무서운 꿈으로부터 자신을 보호하는 시간 … 37
엄마와 떨어져야 하는 어려움의 시간 … 41
상처받은 영혼을 치유하는 시간 … 44

Part 3 아이를 푹 재워야 하는 이유

잠이 부족할 때 아이에게 생기는 일 … 49
우리나라 아이들은 잘 자고 있을까? … 52
수면 시간 vs 수면의 질, 뭐가 더 중요할까? … 54
아이의 숙면은 엄마를 행복하게 만든다 … 57
함께 자는 것이 좋을까, 따로 재우는 것이 좋을까? … 61

Part 4 낮을 잘 보내야 밤이 편안하다

부모도 성장하기 위해 알아야 할 것들 … 67
화내지 않고 아이를 훈육하는 방법 … 75
아이와 제대로 놀아주는 부모의 태도 … 83

Part 5 잠자기 전 15분을 알차게 보내는 방법

규칙 정하기 의례성과 일관성을 보장해주세요 … 91
가볍게 긴장 풀기 먼저 아이의 몸을 편안하게 이완시켜주세요 … 93
옛이야기 들려주기 옛이야기에는 어떤 힘이 있을까? … 98
잠자리 옛이야기의 효과를 높이는 몇 가지 요령 … 110
이야기 나누기 잠자리에서 나누는 짧지만 진한 대화의 기술 … 118
아이의 마음을 잘 읽기 위한 몇 가지 요령 … 129
이야기 만들기 틀에서 벗어나 아이와 더욱 가까워지는 시간 … 137
짧고 단순한 이야기를 만드는 몇 가지 요령 … 142
책 읽어주기 책을 읽어주면 아이에게 어떤 도움이 될까? … 146
간단한 게임 관계를 증진시키는 기막힌 치료제 … 151

Part 6 아이의 특성을 고려한 잠자기 전 15분

예민하고 까다로운 아이 … 157
주의가 산만한 아이 … 167
불안감이 높고, 걱정이 많은 아이 … 172
자위행위를 하는 아이 … 177
엄마 없이는 잠 못 드는 아이 … 181
계속 책을 읽어달라는 아이 … 185
악몽을 자주 꿔 잠을 거부하는 아이 … 188

Part 7 부모 역할 자신감 키우기

부족한 부분이 무엇인지 점검해보세요 … 195
혼자서 힘들 땐 도움을 요청하세요 … 198
부부간 불화를 먼저 해결하세요 … 201
아이와 적당한 심리적 거리를 유지하세요 … 204
부모 스스로 칭찬하고 격려해주세요 … 208

에필로그
아이와 함께하는 행복한 하루의 마무리 … 213

part

1

아이와 함께하는
시간의 힘

누군가가 '너는 참 소중한 사람이야'라는 메시지를 날마다 눈빛으로, 행동으로, 그리고 말로 표현해준다면 아이는 어떤 마음을 갖게 될까요? 부모가 이렇게 온 마음으로 함께하고 있다는 것을 느낄 때 아이의 정서는 안정될 수 있습니다.

동물과는 달리 의존 기간이 유난히 긴 아기에게 세상은 누군가 돌봐주지 않으면 살아낼 수 없는 거대한 곳입니다. 혼자서는 먹을 수도 움직일 수도 없다는 것을 아는 순간 아기는 절대적인 무력감을 느끼지 않을까요?

아이들이 이런 무력감에서 벗어나 스스로 대처하고 뭔가 해낼 수 있겠다는 주도성을 갖고 한 사람 몫을 해내기까지는 많은 시간이 소요됩니다. 이 과정에서 아이들을 건강하게 성장시켜주는 힘이 바로 '함께함'입니다. 이때 아이와 가장 많이 접촉하고 함께해줄 수 있는 사람은 부모가 될 가능성이 크겠지요.

하지만 아이가 어린이집이나 유치원을 다니기 시작하고 부모가 맞벌이를 하는 경우, 또는 집안일이 많거나 아이에게 다른 형제가 있는 경우, 온전히 아이에게 집중하는 것은 쉬운 일이 아닙니다. 특별한 이유가 없다고 해도 하루 24시간 내내 아이와 함께한다는 것은 불가능한 일이지요.

'얼마나 오랫동안 함께하는가'보다 '얼마나 깊이 있게 함께하는가'가 더 중요합니다. 하루 중 잠깐이나마 질적으로 아이와 깊게 상호작용할 수 있는 고농축 비타민과 같은 시간을 한번 떠올려보세요. 언제가 서로에게 오롯이 집중하기에 좋을까요? 모두가 차분해지고 낮 동안의 긴장이 이완되는 잠자기 전 시간이 아닐까요?

잠자기 전에 짧게나마 낮 동안 부족했던 관계의 충족감을 보충한다면 엄마와 아이 모두 건강하게 성장하고 발달할 수 있습니다. 특히 아이의 정서에 커다란 변화가 찾아옵니다.

세상과 사람에 대한
믿음이 자라납니다

맞벌이를 하다 보니 아이를 할머니 집에서 키웠습니다. 동생이 태어난 후 결국 퇴직을 하게 되어 3세경에 집으로 데려왔습니다. 그래서 그런지 밤에 잠을 잘 때 동생 쪽을 보거나 동생에게 말을 하면 신경질을 부리고 자기 쪽을 보고 자라고 화를 냅니다. 그러면 덩달아 동생도 자기 쪽을 보고 자라고 울고…. 정말 밤마다 이런 실랑이를 하다 보면 짜증이 나기도 하고, 아이가 안쓰럽기도 하고 마음이 복잡합니다.

자, 눈을 떠 보니 갑자기 말도 전혀 통하지 않고 아무도 아는 사람이 없는 낯선 이국땅에 홀로 덩그러니 있게 되었다고 상상해보세요. 그때 처음 맞닥뜨리는 감정은 무엇이겠습니까? 네, 불안이지요. 당장 무슨 일이 생길지도 모르고, 최악으로는 죽을 수도 있겠다는 두려움이 생기지 않을까요?

그런데 그때 아주 친절한 사람이 나타나서 먹여주고, 입혀주고, 따뜻하게 대해주고, 위로해주고, 어떻게 해야 하는지 잘 지도해준다면 어떤 마음이 들까요? '아! 이젠 살았다' 싶겠지요. 이것이 바로 안전감입니다. 이렇게 안전하다는 확신이 들어야 다른 사람도 눈에 들어오고, 경치도 눈에 들어오고, 뭔가 스스로 시도해볼 용기도 생겨납니다. 또 '다른 사람들도 이렇게 친절할 것 같아'라고 믿고 싶은 마음도 생기겠지요. 우리 아이들도 이런 경험을 하게 됩니다.

엄마 배 속이라는 안전한 공간에서 어느 날 갑자기 바깥세상으로 밀려나온 아주 작은 아기가 어떻게든 새로운 환경에 적응하고 살아가려면 자신을 돌봐주는 사람에 대한 믿음이 가장 먼저 필요합니다. 이처럼 자신을 돌봐주는 사람에게 강력한 정서적 유대감을 느끼는 것을 애착이라고 합니다. 애착을 잘 형성하기 위해서 엄마나 아이를 돌보는 주 양육자는 반드시 아이와 '함께'해야 하는데, 몸만이 아니라 마음도 함께해주어야 합니다.

또한 될 수 있는 한 일관성 있는 태도로 아이를 대해주어야 아이는 '아, 이다음에는 이렇게 되겠구나', '아, 조금만 기다리면 ○○○ 하겠구나'라고 예측할 수 있게 됩니다. 이렇게 예측할 수 있어야 아이들은 환경에 휘둘리지 않고 자신이 스스로 환경을 조절할 수 있다는 확신을 갖게 됩니다.

주 양육자와 건강한 애착을 형성한 아이들은 다른 사람에게도 애착을 잘 형성할 수 있게 되고, 세상에 대한 기본적인 믿음을 가질 수 있게 됩니다.

TV드라마를 보면 가난하고 어려운 상황에서도 밝고 긍정적이고 힘차게 역경을 이겨내는 주인공이 있는 반면 아주 부유한 집의 아이지만 항상 나쁜 짓을 저지르고 남을 의심해서 주인공을 곤란에 빠뜨리는 인물이 꼭 등장하지요? 애착의 관점에서 본다면 주인공은 주 양육자와 좋은 애착을 맺어서 그 힘으로 세상에 대한 믿음을 가지고 살아가는 것이고, 주인공을 괴롭히는 인물은 건강한 애착을 맺지 못해 세상과 자신에 대한 희망과 믿음이 부족한 것이라고 볼 수 있습니다.

행복해지는 마음의 힘, 자존감이 성장합니다

최근 들어 현아가 의기소침해 보이고 잠자기 전에는 꼭 "내일 유치원 가는 날이야, 아니야?" 하고 묻습니다. 가는 날이라고 하면 "안 가면 안 돼? 난 집에서 놀래"라고 떼를 부립니다. 하루는 잠자기 전에 "왜 유치원에 가기 싫어?" 하고 묻자 "친구들이 나랑 안 놀아줘"라는 거예요. 유치원 선생님에게 여쭤보니 주로 현아는 친구들이 하자는 대로 따르고, 자기주장이 별로 없는 편이라고 합니다. 또 조금만 어려워도 안 하려고 하고, 자신 없어 한다고요. 아이가 왜 이러는 걸까요?

누군가가 '너는 참 소중한 사람이야'라는 메시지를 날마다 눈빛으로, 행동으로, 그리고 말로 표현해준다면 그 사람은 자신에 대해 어떤 마음을 갖게 될까요? 또 뭔가 애써서 하고 있을 때 '잘했다', '못했다'라는 평가에 앞서서 "이걸 어떻게 할까 생각하고 있는 거네", "잘 안 되니까 다른 방법을 써보는구나"라고 과정에 집중해 말해준다면 자신의 능력에 대해 어떤 마음을 갖게 될까요?

이런 대우를 받고 성장한다면 무엇인가 시도하다가 실패한다고 해도 세상을 다 잃은 듯 좌절하거나 절망하지 않게 됩니다. 또 조금

못했다고 해서, 남에게 부정적인 평가를 받았다고 해서 자신 스스로를 혐오하지는 않게 되지요. 이것이 바로 사람을 행복으로 이끄는 마음의 힘, 자존감입니다.

자존감은 타고나는 것이 아니라 부모와의 따뜻한 '함께함'을 통해 점점 성장하게 됩니다. 부모가 아이와 뭔가를 함께해주고, "괜찮은데"라고 따뜻하게 위로해주고, 마음으로 아이의 마음에 귀 기울여준다면 아이는 '내가 얼마나 소중하면 이렇게 나를 대해주지'라고 생각하게 되겠지요.

이것을 좀 더 자연스럽게 할 수 있는 시간을 한번 찾아볼까요? 아침, 점심, 저녁, 잠자기 전의 시간 중 어느 때가 부모와 아이 모두 가장 편안하게 무장해제될 수 있을까요? 누워서 뒹굴뒹굴하면서 잠을 청할 때가 아닐까요?

사실 낮 시간에는 이것저것 할 일이 너무 많다 보니, 아이들에게만 집중하기 참 어렵지요. 아이가 "엄마, 나…" 하고 말을 건네도 설거지를 하면서 건성으로 "응~" 하거나, 계속 걸려오는 전화에 카톡에 아이와 눈 마주치고 뭔가 할 수 있는 시간이 부족할 때가 많습니다.

특히 직장을 다니는 엄마의 경우 "퇴근하면 집으로 다시 출근해요"라고 말하기도 합니다. 집에 오면 아이들 밀린 숙제 봐주고, 씻기고 재울 준비를 하는 것도 시간이 빠듯하지요. 이런 상황에서 그나마 엄마도 긴장을 좀 풀고 아무것도 하지 않는 상태에서 아이에게만 오롯이 집중할 수 있는 시간을 찾아보자면 언제가 좋을까요? 바로 잠자기 전 시간이 아닐까요?

잠자기 전은 모두가 다 솔직해질 수 있는 시간입니다. 그렇다 보니 아이들이 하루 중 속상했던 일에 대해 엄마에게 가장 절절하게 이야기할 수 있는 시간이기도 합니다. 엄마도 하루 중 가장 긴장이 이완되는 시간이다 보니 아이의 말을 들을 수 있는 절호의 기회라고 할 수 있겠지요.

이 짧은 시간을 정성스럽게 아이의 말을 들어주고, 그 이야기 속에 들어 있는 아이의 마음을 잘 이해해주고, 때로는 편도 들어주고, 때로는 실패에 대해 격려도 해주는 시간으로 활용한다면 아이의 자존감을 성장시키는 데 도움이 될 수 있습니다.

말로 자신의 마음을 표현할 수 있게 됩니다

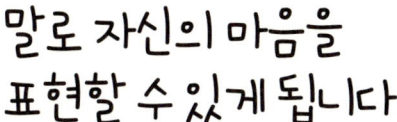

6세 서영이는 갑자기 삐쳐서 뾰로통해질 때가 많습니다. 잘 놀다가 갑자기 시무룩해져서는 방에 들어가버립니다. 침대 곁으로 가서 "왜 그래?" 하고 친절하게 물어도 "몰라" 하고는 말을 하지 않습니다. 그런 날은 어김없이 잠꼬대를 하곤 합니다.

30개월 된 아이가 "엄마, 날 혼내면 내가 너무 무서워요", "엄마, 나 오늘 스트레스를 너무 많이 받아서 따뜻한 물로 몸 좀 풀어야겠어요" 하고 말할 수 있을까요? 만일 그런 일이 생긴다면 아이가 외계인이거나 아마도 엄마가 아이의 나이를 잘못 알고 있는 것이겠지요.

어릴수록 아이들은 감정이 분화되지 않아서 기쁘고, 화나는 등 아주 기본적인 감정만 인식하게 되다가 서서히 세분화된 감정을 느끼게 됩니다. 아이들은 '아, 내가 지금 질투가 나서 동생을 꼬집

었구나', '아, 내가 지금 엄마가 동생만 쳐다봐서 화가 나서 엄마에게 말도 하기 싫은 거구나' 하고 알아차리기가 어렵습니다. 설령 어렴풋이 안다고 해도 언어 발달이 충분히 이루어지지 않아서 이를 정확한 문장으로 세밀하게 표현하지 못합니다.

그러다 보니 감정의 밥알이 소화되지 않은 채로 꼿꼿이 마음속에 서 있어서 결국 감정의 배앓이를 하다가 감정의 설사를 하게 됩니다. 이때 아이들은 미처 해결하지 못한 감정을 말이 아닌 행동으로 표현하게 되지요. 괜히 때리고, 소리를 지르고, 울어버리고, 몸으로 치대거나, 뾰로통해지고, 산만해지고, 실수를 많이 하는 등 쉽게 이해할 수 없는 행동이 바로 '감정의 배탈로 인한 설사'입니다. 이런 아이들에게 잠자기 전 시간은 자신의 감정을 잘 소화시킬 수 있는 좋은 기회가 됩니다.

부모가 아이의 얼굴 표정이나 행동을 보고 아이의 감정과 연결시켜 이야기해준다면, 이렇게 아이들의 마음을 읽어준다면 아이들은 자신의 감정을 더 잘 알아차리고, 자기 행동의 이유를 스스로도 이해할 수 있게 됩니다.

"엄마가 안아주는데 밀치는 걸 보니까 너 화가 많이 났구나" 하는 식으로 아이의 마음을 잘 공감해주면 이런 부모의 태도가 서서히 아이의 마음속에 스며들게 됩니다. 즉, 이런 경험은 아이들의 장기기억 저장창고 속에 들어가서 어느 날부터는 자신도 모르게 잠자리에 누워서 "오늘 유치원에서 친구가 나랑 안 놀아줘서 슬펐어"

라는 표현을 할 수 있게 됩니다.

이렇게 말로 표현하게 되면 더 이상 부적절하게 행동으로 감정을 분출하지 않게 되므로 아이와 상호작용하는 것이 훨씬 수월해집니다. 아이 역시 소화되지 않은 감정에 휘둘려서 자신도 이해하기 어려운 행동을 하는 것에서 해방될 수 있습니다.

이렇게 마음을 읽어주고 마음을 나누는 대화를 하려면 좀 더 차분하고 조용한 시간이 좋지 않을까요? 이런 대화는 아주 짧게 이루어져도 큰 효과를 얻을 수 있습니다. 아이와 아무런 교감 없이 1시간 설교하고 설득하는 것보다 단 15분이라도 마음을 읽어주고 마음을 교류하는 대화의 시간을 갖는다면 아이가 자신의 감정을 잘 조절하고 말로도 표현할 수 있게 될 것입니다.

공감이라는 마음의 근육이 자라납니다

아이가 잠이 들려는 동생을 자꾸 건드리고 때려서 결국 울리고 맙니다. 혼을 내면 오히려 화를 내면서 동생만 예뻐한다고 속상해합니다. "동생은 자고 싶은데 자꾸 깨우면 동생이 힘들어해", "동생 때리면 동생도 화가 나"라고 아무리 말해도 듣는 척 만 척입니다. 하루는 너무 화가 나서 "너도 한번 당해봐라" 하고 아이를 세게 때리기도 했습니다. 그랬더니 자기만 미워한다고 울고불고. 매일 밤 반복되는 이런 전쟁을 멈출 방법이 있을까요?

2010년 7월 17일자 중앙일보에 보도된 '21세기의 문맹자가 되지 않으려면'이라는 기사에서 "20세기 문맹자는 글을 읽지 못하는 사람을 두고 말했지만 21세기 문맹자는 마음을 읽지 못하는 사람"이라는 글을 읽은 적이 있습니다. 아주 공감이 가는 기사였습니다.

나의 마음을 알고 다른 사람의 마음을 읽는 것은 마음의 근육이 움직여야 가능한 것인데, 이러한 마음의 근육이 바로 공감입니다. 이런 공감 능력이 떨어지는 아이들은 항상 자신의 입장에서만 생각하기 때문에 "나한테만 그래"라고 억울해하고 속상해하기 일쑤입니다. 그러다 보면 사람들과의 관계에서 항상 마찰이 생기고, 따돌림을 당하거나 우울해지는 등 마음과 적응의 문제를 경험하게 됩니다.

자, 이런 문제를 조금이라도 예방하는 방법이 바로 부모와의 '함께함'입니다. 그냥 몸만 함께하는 것이 아니라 온 마음으로 함께해주는 것이 필요합니다. 낮 시간에는 팽팽하게 긴장하고 급했던 마음이 밤 시간에는 조금 누그러지기 때문에 혹여나 낮 시간에 충분히 공감해주기 어려웠다면 밤 시간을 활용해보기를 바랍니다.

물론 하루 동안 너무 지쳐서 쉬고 싶은 마음에 아이를 빨리 재우려는 부모들이 많으리라 생각됩니다. 하루 종일 육아에 시달린 엄마들에게 밤 시간은 오롯이 혼자 있고 싶은 시간이고 부부가 편안히 대화를 나눌 수도 있는 시간이기 때문에 이 시간마저 아이와 뭔가를 하라고 하면 부담스러울 수 있습니다.

하지만 짧은 시간 아이와 진하게 함께해주면 오히려 아이에게서 받는 충만감 덕분에 더 행복한 밤 시간을 보낼 수 있게 됩니다. 다른 사람과 마음을 나누는 것만큼 효과적인 만병통치약은 없기 때문입니다. 아이 역시 마음이 편안해져서 쉽게 잠들 수 있게 되니 정말 일석이조가 아닐 수 없습니다.

이렇게 '아프냐, 나도 아프다'가 가능해지려면 잠들기 전 시간을 어떻게 활용해야 할까요?

가만히 아이 옆에 누워서 5분만 아이를 바라보세요. 그다음 아이에게서 전달되는 감정을 말로 표현해주세요. 보통 스트레스가 많았던 아이들은 이 시간 엄마에게 하루 동안 힘들었던 일을 울면서 이야기하기도 합니다. 이때 잘 듣고 "오늘 친구가 너를 때려서 화가 났단 말이지. 이런… 그 친구는 때리지 않고 말로 하는 법을 배워야겠네" 등과 같이 아이의 마음을 말로 정리해서 말해주세요. 이런 엄마의 태도는 아이에게 공감이라는 마음의 근육을 키워주게 됩니다.

잠자기 전 시간을 꾸준히 활용한다면 이슬비에 옷 젖듯이 공감하는 태도가 아이에게 스며들게 될 것입니다.

다른 사람과도
좋은 관계를 맺게 됩니다

초등학교 1학년 누나와 3세 여동생이 있는 둘째 아이입니다. 맞벌이를 하다 보니 누나 숙제 봐주랴, 막내 돌보랴 항상 둘째는 손이 덜 가게 되었습니다. 더군다나 둘째가 워낙 순해서 그냥 혼자 놔둬도 잘 노는 것처럼 보였거든요. 그런데 유치원에서도 혼자 노는 시간이 많다고 하네요. 그동안 말썽도 안 부리고 순하다고 생각해서 너무 방치했기 때문일까요?

아이들이 엄마 품을 떠나 세상 밖으로 나가서 잘 적응하기 위해서는 자신의 가치를 알고, 다른 사람을 믿고, 자신의 감정과 행동을 잘 조절하고, 이를 말로 잘 표현하고, 서로에게 만족이 되는 방법으로 서로의 욕구를 잘 조절할 수 있어야 합니다. 이런 능력이 결집되어 나타나는 것이 바로 사회성입니다.

사회성이 잘 발달되지 않은 아이들은 다른 사람과 함께하면 부담스럽고 괴롭다고 느껴 자꾸 혼자 있으려고 합니다. 물론 이런 아이라고 해서 사람에게 관심이 없는 것은 아닙니다. 친하게 지내고 싶고 사랑받고 인정받고 싶지만, 뜻대로 되지 않아서 쉽게 좌절하고 상처를 받다 보니 자꾸 관계 맺는 것을 피하게 된 것입니다. 시도하지 않으면 상처도 받지 않을 테니 말입니다.

하지만 이런 선택을 했다고 그 아이가 행복해진 것은 절대 아닙니다. 오히려 위축되고 우울해지는 더 큰 문제가 생기게 됩니다. 아이 마음속 깊은 곳에는 다른 사람과 친밀한 관계를 맺고 싶은 건강한 욕구가 살아서 꿈틀대고 있기 때문입니다. 이처럼 관계 안에서의 소소한 갈등을 견디고 사람들과 좋은 관계를 만들고 유지할 수 있는 힘의 근원은 가정에 있습니다.

2015년 5월 1일자 서울신문에 보도된 '2015 어린이·청소년 행복지수 국제비교 연구'에 대한 기사를 보면, 국내 초등학생 14.3%, 중학생 19.5%, 고등학생 24.0%가 자살 충동을 경험했고, 가장 큰 이유가 '가정 형편'이나 '성적'이 아니라 '부모와의 갈등(초 44.0%, 중 44.4%, 고 36.0%)'이라고 합니다. 결국 우리 아이들이 가장 갈망하는 것은 부모님과의 좋은 관계라고 할 수 있습니다. 이런 좋은 관계는 부모가 아이에게 '나는 널 사랑한단다'라고 텔레파시를 보낸다고 만들어지는 것이 아닙니다. 직접 몸과 마음을 부딪치고 교류하는 진짜 관계를 통해 만들어지는 것입니다.

이런 관계의 힘을 증명하는 놀라운 연구 결과가 있습니다. 1950년~1970년대의 하와이 카우아이섬은 주민들 대다수가 범죄자나 알코올 중독자 혹은 정신질환자였다고 합니다. 그동안 우리가 보고 배운 바로는 이런 환경에서 자란 아이들의 정신건강은 형편없어야겠지요. 거의 모든 아이의 미래 모습은 엉망진창이 되어 있으리라 쉽게 예측할 수 있습니다.

그러나 1955년, 이 섬에서 출생한 신생아 833명이 18세가 될 때까지 추적 관찰하는 대규모 연구에 착수한 결과, 이 연구를 40년간 주도한 심리학자 에미 워너는 뜻밖의 사실을 발견했습니다. 833명 중에서도 특히 더 형편없는 환경에서 자란 201명을 선정해서 그들의 삶의 모습을 살펴보았더니, 그중 3분의 1인 72명은 이런 극악한 환경의 영향을 받지 않고 오히려 훌륭하게 성장했던 것입니다.

여기서 의문이 생기지요? '아니, 그런 환경 속에서 어떻게 그렇게 잘 자랄 수 있었을까.' 궁금하지 않습니까? 그 비결은 아주 기본적인 것에 있었습니다. 그들 곁에는 어떤 상황에서도 무조건 믿고 격려해준 이가 한 사람 이상 있었다는 것입니다. 놀랍지 않습니까? 이것이 바로 존중을 바탕으로 마음을 나누는 관계의 힘입니다.

혹시 이런 관계를 맺고 싶지만, 어떻게 해야 할지 모르겠고, 알고 있어도 너무 분주하고 바빠서 실천하기 어려운가요? 그렇다면 매일 매일 어김없이 찾아오는 밤 시간을 한번 활용해보세요.

하루를 정리하면서 아이와 뒹굴뒹굴하는 것만으로도 아이는 엄마, 아빠를 온몸으로 느낄 수 있게 됩니다. 이를 통해 '아, 누군가 함께 있는 것은 참 좋은 거구나', '아, 편안하다'라고 느껴 다른 사람과도 좋은 관계를 맺을 수 있습니다.

part

2

왜 잠자기 전 15분인가

잠자리에 가만히 누워 있으면 억눌러놓았던 생각이나 감정들이 스멀스멀 올라옵니다. 이때 누군가 내 이야기를 들어주고, 이해해주고, 위로해준다면 아이들은 한결 숨통이 트이겠지요. 그리 길지 않아도 됩니다. 짧은 시간이라도 진심으로 마음과 마음이 만나기만 하면 됩니다.

인간의 일생 중 잠으로 보내는 시간은 꽤 많습니다. 이 시간을 좀 줄인다면 우리는 더 많은 일을 할 수 있지 않을까요? 아이들도 잠자는 시간을 좀 줄인다면 더 많이 놀 수 있고, 더 많이 공부할 수 있어서 발달에도 도움이 될 것 같은데 말이지요.

그러나 잠은 우리의 생명과 직결되어 있고, 우리의 건강한 신체 및 정서 발달을 위해 반드시 필요한 부분입니다. 특히 아이들이 건강하게 성장하고 발달하도록 돕기 위해서는 반드시 질 좋은 수면을 보장해 주어야 합니다.

자, 그렇다면 우리의 아이들에게 잠자기 전 시간은 특히 어떤 의미가 있을까요?

아이들은 하루 종일 두 눈을 또렷이 뜨고 자신에게 주어지는 외부 환경과 자극을 이해하고 이에 맞서기 위해 부지런히 움직입니다. 그런 아이들이 저녁 시간이 되면 서서히 쉴 준비를 하다가 잠이 들게 되지요. 이 시간 동안 아이들 마음속에서는 어떤 일들이 일어나고 있을까요?

이때의 아이들 마음을 잘 이해할 수 있다면, 잠자기 전의 이 짧고 소중한 시간을 '빨리 자라', '왜 자지 않느냐'고 혼내고 울리면서 허비하지 않게 될 것입니다.

긴장을 이완시키는 휴식의 시간

우리 아이는 잠자기 전에 항상 시간이 많이 걸려요. 방에 들어가서 자라고 해도 "잠이 안 와"라면서 계속 놀려고만 해요. 억지로 방에 들여보내고 30분이 지나서 들어가 보면 눈을 또록또록 뜨고 있습니다. 옆에서 자장가를 불러주기도 하지만, 결국은 제가 먼저 잠이 들어요. 그러니 당연히 아침에 늦잠을 자게 되고, 항상 어린이집에 늦게 됩니다. 잠을 재울 때도, 또 깨울 때도 전쟁입니다.

아이들은 낮 동안 정말 많은 정보를 받아들이고 소화시키느라 분주한 시간을 보냅니다. 또한 예상치 못한 일들로 인한 심리적인 스트레스를 해소하기 위해 무척이나 고된 시간들을 보내게 됩니다. 이렇게 하루 종일 바쁘고 때로는 긴장되는 순간들이 24시간 계속된다면 잠도 잘 수 없겠지요. 잠을 자기 위해서는 일단 모든 신체 기능들이 서서히 이완되고 각성 수준이 떨어져야 합니다.

낮 시간에 자극을 받아들이느라고 흥분되어 있던 뇌가 계속 진정이 되지 않거나, 낮 시간에 받은 스트레스가 잊히지 않아 생각이

꼬리를 물고 떠올라 뇌가 쉬지 못한다면 불면의 밤을 보낼 수밖에 없겠지요. 그래서 잠을 편히 잘 수 있도록 긴장을 적절히 풀어주어야 합니다.

특히나 예민하고 까다로운 아이들의 경우, 각성 수준이 쉽게 저하되지 않기 때문에 쉬이 잠들지 못하고, 잠을 자더라도 금세 깨는 일이 반복됩니다. 그러므로 잠자기 전 15분 동안 아이와 함께하는 시간을 갖는 가장 주된 목적은 아이의 긴장을 풀어주고, 아이의 깊은 수면을 책임져주는 것이어야 합니다.

무서운 꿈으로부터 자신을 보호하는 시간

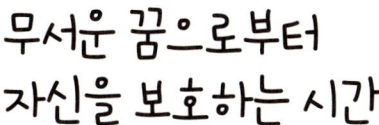

아이가 자다가 일어나서는 울면서 "엄마~" 하고 찾아요. 깜짝 놀라서 가보면 무서운 꿈을 꾸었다고 합니다. 정작 무슨 꿈을 꾸었는지는 잘 모르겠다고 하면서 무섭다고만 하네요. "에이~ 꿈이야. 걱정하지 마"라고 말해주기는 하는데, 마음 한편에는 아이가 스트레스를 많이 받아서 악몽을 꾸는 것은 아닌가 걱정이 되기도 합니다.

잠을 잘 때 우리의 뇌는 어떤 일을 하고 있을까요? 잠을 자면서는 움직이지도 않고 아무것도 하지 않으니 뇌도 가만히 쉬고 있을까요? 절대 그렇지 않습니다.

우리가 잠을 자는 순간에도 뇌는 열심히 자기의 일을 합니다. 그중 하나가 꿈을 꾸는 것입니다. 그렇다면 아이들의 뇌는 꿈을 꾸면서 어떤 일을 할까요? 브렌다 말론은 자신의 저서 《어린이의 꿈 세계》에서 꿈을 꾸는 동안 아이들의 뇌 속에서는 다음과 같은 많은 일들이 일어난다고 했습니다.

첫째, 학습, 기억, 주의 집중, 정서 활동과 관련된 신경계가 재생하여 회복됩니다. 둘째, 하루의 일이 정리됩니다. 셋째, 장기 기억을 잘 구성할 수 있게 됩니다. 넷째, 문제 해결을 할 수 있게 됩니다. 다섯째, 미래를 대비할 수 있게 됩니다.

놀랍지 않습니까? 꿈을 꾸는 동안 이토록 중요한 일들이 일어난다니 말입니다. 즉, 잠을 자고 꿈을 꾸는 과정을 통해 아이들의 인지와 정서가 발달해나간다는 것입니다.

그러나 때때로 아이들은 악몽에 시달리기도 합니다. 꿈이 너무 생생할 때에는 잠에서 깨어나도 마치 현실에서 일어난 일처럼 느끼기도 합니다. 그래서 무서운 꿈을 꾸었다고 울기도 하고, 당장 눈앞에서 그 일이 일어난 것처럼 무서워하기도 합니다.

이렇게 악몽에 자주 시달리게 되면 아이들은 점점 숙면을 취하기 어려워지겠지요. 심한 경우에는 꿈꾸는 것이 무서워서 잠을 자지 않겠다고 떼를 쓰는 불상사가 생기기도 합니다.

그렇다면 이제 궁금해지지요? 도대체 꿈은 왜 꾸는 것일까요? 또 꿈의 재료가 되는 것은 무엇일까요? 일반적으로 꿈의 내용에는 그 전날의 경험이나 잠자면서 들리는 여러 가지 자극들이 포함됩니다.

자, 여러분도 이런 경험이 있을 것입니다. 마트에 가서 사달라는 로봇을 사주지 않은 날 밤이면 아이는 "내 거야"라고 잠꼬대를 하거나, 심지어는 아침에 "로봇"이라고 외치면서 일어나기도 합니다.

혼이 나고 울먹이면서 잠이 든 아이는 "엄마 미워"라고 잠꼬대를 해서 엄마 마음을 뜨끔하게 만들기도 하지요.

이처럼 아이들은 낮 시간에 꼭 이루고 싶었지만 이룰 수 없었던 것들을 꿈속에서 이루어보는 경험을 할 때가 있습니다. 또 잠자면서 이불에다 소변을 보는 아이는 그 순간 꿈속에서도 시원하게 소변을 보기도 합니다. 잠자기 전에 TV에서 무서운 괴물을 본 아이는 꿈속에서 무서운 괴물에게 쫓기기도 하지요.

이렇게 그날 낮에 있었던 일들뿐 아니라 당장 해결할 수 없어서 마음속 깊이 그냥 묻어두었던 일들이나 극심하게 스트레스를 받았던 일들도 꿈의 재료가 되어 나타납니다. 대체로 이런 일들은 꿈속에서 복잡하고 이해하기 어려운 내용으로 나타나기 때문에 그 의미를 빨리 알아차리기 어려울 때가 많습니다. 아이가 이런 꿈을 반복해서 꿀 경우 혹시 스트레스를 많이 받고 있지는 않은지 한번 점검해봐야겠지요.

바로 잠들기 전 시간이 아이와 이런 대화를 나누기에 참 좋습니다. 아이도 잠자리에서는 몸을 움직이지 않고 가만 누워 있다 보니 낮 시간에 겪은 스트레스 받은 일들이나 그동안 가슴속에 묻어두었던 사건들이 떠오르게 됩니다. 이때 옆에서 아이의 이야기를 잘 들어주고, 마음을 따뜻하게 위로해주면 아이의 묵은 감정이 해소될 수 있습니다.

이렇게 감정이 해소되면 그것이 악몽이나 복잡한 꿈의 형태로 나타나지 않습니다. 잠자기 전 아이와 함께하는 짧은 시간은 이렇게 아이를 악몽으로부터 지켜주어 좀 더 숙면을 취할 수 있도록 만들어줍니다.

엄마와 떨어져야 하는 어려움의 시간

> 아이가 잘 때 꼭 제 머리카락을 만지면서 자요. 처음에는 그냥 만지는 수준이었는데 어느 순간부터 너무 세게 잡아당기고 머리카락을 엉클어뜨리기도 해요. 어떤 때는 아프기도 하고…. 그러다 보니 이제는 점점 짜증이 나요.

상담을 할 때 이런 어려움을 호소하는 어머니들이 꽤 있습니다. 머리카락뿐 아니라 어떤 아이들은 엄마 배꼽, 귀, 가슴, 팔 등 엄마 몸의 일부를 만져야만 잠이 드는데, 이것도 하루 이틀이지 계속 반복되다 보면 엄마는 짜증이 나게 되지요. 그래서 못 하게 하면 그때부터 아이는 짜증을 부리고 화를 내고 엄마에게 더 집착하게 됩니다. 결국 엄마는 크게 화를 내거나 그냥 참고 견디면서 밤 시간을 보내게 됩니다.

3세 정도까지는 그래도 아직 어리니까 하는 마음에 받아주기도 하지만 6세가 되어도 이런 행동이 사라지지 않을 때 엄마는 고민에 빠지게 됩니다. 도대체 아이는 왜 이러는 것일까요?

사실 이 행동에는 아주 중요한 의미가 있습니다. 아이들은 엄마 배 속에서 10개월을 살면서 나와 남의 구분이 전혀 없는 상태에서 태어나게 됩니다. 태어나서도 곧바로 걷고 자립할 수 없기 때문에 비록 몸은 분리되었지만, 생각은 여전히 나와 남을 구분하지 못하고 엄마와 하나라고 생각합니다. 시간이 점차 지나면서 나와 엄마는 별개의 존재라는 것을 머리로는 알게 되지만 심리적으로도 완전히 독립되기 위해서는 참 많은 시간이 필요합니다.

생각으로는 분리되어야 한다는 것을 알지만, 마음으로는 완전한 준비가 되어 있지 않을 때 아이들 마음에는 '불안'이라는 것이 생기게 됩니다. 그런데 하루 중 이런 불안이 더욱 증폭되는 시간이 있지요. 네, 맞습니다. 밤이에요.

잠을 자기 위해서는 눈을 감아야 하는데, 눈을 감으면 아이들에게는 아무것도 보이지 않게 되지요. 그 시간은 정말 엄마와 완전히 분리되는 시간인 셈입니다. 불안한 아이들이 이 시간을 잘 견딜 수 있을까요? 어떤 아이는 "엄마가 없어질 것 같아"라고 울기도 합니다.

아이들은 이런 불안을 없애기 위해 조금이라도 더 엄마와 연결되려고 몸부림을 치는데, 이때 가장 많이 하는 행동이 엄마 몸의 일부를 만지는 것입니다. 이 단계를 넘어서면 인형이나 이불 등의 애착 물건을 손에서 놓지 않고 잠잘 때도 꼭 끌어안고 자려고 하지요.

이런 과정을 통해 엄마와 마음으로도 분리되는 것을 연습해나가는 것입니다.

자, 그렇다면 아이들에게 잠자기 전 15분은 참 중요한 시간이 되겠지요? 이때 조금이라도 엄마와 안정된 시간을 보낼 수 있다면 좀 더 안심하면서 편안하게 분리되는 것을 연습할 수 있을 것입니다. 이런 아이의 마음을 이해한다면, 이 귀한 15분을 "왜 자꾸 엄마를 만져, 제발 그만해", "왜 꼭 그 베개만 찾니", "왜 이렇게 유난을 떨어"라는 식으로 아이를 혼내거나 아이와 싸우면서 보내지 않게 되겠지요.

상처받은 영혼을
치유하는 시간

잠자리에 누우면 아이가 "엄마, 오늘 유치원에서…" 하고 이야기를 꺼내곤 하는데 직장일로 집안일로 피곤하다 보니 "그래, 알았어. 그건 내일 이야기하고 빨리 자" 하고 잠을 재촉하게 됩니다. 아이는 그나마 밤 시간이라도 엄마와 이야기하고 싶어 하는 건데 한번 들어주기 시작하면 잠드는 시간이 늦어지고, 그러면 다음 날 아침에 잘 못 일어나고…. 이렇게 악순환이 됩니다. 좀 늦게 자더라도 아이 이야기를 들어주어야 할까요?

하루 중 움직이지 않고 오롯이 가만히 있는 시간은 언제일까요? 네, 잠을 자기 위해 잠자리에 든 바로 그 시간이지요. 이렇게 움직이지 않고 가만히 누워 있다 보면 낮 시간에 바쁘게 움직이면서 억눌러놓았던 생각들이 스멀스멀 올라옵니다.

사실 낮 시간에는 빨리 적응하고 문제를 해결해야 하기 때문에 부정적인 감정이 생겨도 이를 다 챙길 수가 없습니다. 그래서 마음에 걸렸던 감정들을 저 멀리 밀어 넣어놓게 되는데, 이런 감정들은 아무것도 하지 않고 그저 누워 있기만 해야 하는 밤 시간이 되면 불현듯 생생하게 되살아나곤 합니다.

이때 이런 복잡하고 말도 안 되는 감정이나 사건을 말로 표현할 수 있다면, 또한 그것을 비난하지 않으면서 충분히 이해해주는 사람이 있다면, 아이들은 한결 숨통이 트이고 어지러운 마음을 정돈할 수 있겠지요.

이처럼 밤 시간은 상처받은 영혼이 치유될 수 있는 시간이기도 합니다. 이런 치유의 시간은 그리 길지 않아도 된답니다. 아주 짧은 시간이라도 진심으로 마음과 마음이 만나지기만 하면 됩니다. 부모가 이런 비법을 배우면 아이는 낮 동안 받은 상처를 치유하고 숙면을 취하게 되어 아침에 일어나는 것이 훨씬 수월해집니다.

이 책의 5장과 6장에 아이들과 짧지만 진하게 교감하는 구체적인 방법들이 소개되어 있으니 잘 활용해보시기 바랍니다.

part

3

아이를 푹
재워야 하는 이유

아이가 밤에 푹 못 자서 까칠하게 행동하거나, 빨리 자지 않는다고 잠자리에서 자꾸 아이를 혼내면 아이와의 관계가 나빠지고 부모의 양육 자신감도 떨어집니다. 아이의 잠은 아이뿐 아니라 부모의 삶에도 중요한 영향을 끼칩니다.

"퇴근하면 밀린 집안일에, 아이들 뒤치다꺼리만으로도 벅찬데 잠자리에서까지 뭘 해줘야 돼?"

책 제목을 보면서 이런 하소연을 하는 부모님들의 목소리가 들리는 듯합니다. 아마도 '제발 빨리 자라. 그래야 내가 쉬지'라고 마음속으로 염원하는 부모님들에게는 잠자기 전 15분 동안 무언가 또 해줘야 한다는 것 자체가 부담스러울 수 있습니다.

사실 부모들이 아이들의 잠을 재촉하는 이유가 단지 양육에서 해방되기 위함만은 아니지요. 아이들 성장에 수면이 매우 중요하다는 것을 알고 있기 때문일 것입니다.

그러나 맞벌이 가정의 아이들은 엄마, 아빠를 기다리다가 늦게 잠들게 되고, TV나 컴퓨터에 많이 노출된 아이들은 조금이라도 TV를 더 보고, 게임을 더 하고 자려고 잠을 미루게 됩니다.

여러 연구 결과들을 종합해보면 동서양을 통틀어 우리나라 어린이들의 취침 시간이 늦고, 수면 시간 또한 짧다고 알려져 있습니다. 그러다 보니 아이들은 아침에 늦게 일어나고, 부모들은 아이가 어린이집이나 유치원에 늦을까 봐 결국 화를 내면서 아이를 깨우는 상황이 반복됩니다. 엄마가 아침에 출근하는 경우에는 잠도 덜 깬 아이를 들쳐업고 나가는 불상사까지 생깁니다. 이런 일들이 계속되면 아이를 재우고 깨우는 일이 만만치 않은 숙제가 되어버립니다.

그렇다면 우리 한번 가장 기본적인 것부터 다시 점검해봅시다. 왜 우리는 아이들을 푹 재워야 하는 걸까요? 잠이 도대체 아이에게 어떤 영향을 주는지부터 먼저 살펴보아야 잠자기 전에 왜 아이와 좋은 시간을 가져야 하는지 알 수 있겠지요.

잠이 부족할 때 아이에게 생기는 일

우리는 인생의 약 3분의 1을 잠을 자면서 보내게 됩니다. 참 많은 시간이지요. 이런 이야기를 들으면 어떤 분들은 '잠자는 시간을 좀 줄여야겠다. 그러면 좀 더 많은 일을 할 수 있을 거야' 하고 생각하겠지만 그건 천만의 말씀입니다. 잠자는 시간은 절대 아까워 할 필요가 없습니다. 잠자는 시간에 따라 우리의 사회적인 능력, 인지적인 수행, 신체적인 건강 상태가 달라질 수 있기 때문입니다.

아니, 신체 건강이야 잠을 잘 못 자면 피곤해지니까 잠과 관련이 있다고 하겠지만, 인지 능력, 사회적인 능력도 잠과 관련이 있다니 무슨 말일까요? 우리 아이들의 경우를 생각해봅시다.

아이들은 일어나서 잠드는 시간까지 움직이고 또 움직이면서 성장하고 발달합니다. 이렇게 계속 움직이는 사이 아이들의 뇌 속에는 수없이 많은 정보가 쌓입니다. 몸은 조금씩 지치게 되고, 마음은 즐거웠던 일과 힘들었던 일이 겹겹이 쌓여 복잡해집니다.

이렇게 하루 종일 뇌와 몸과 마음이 수없이 많은 정보로 가득 차 버리면 이를 정리하고 힘을 보충할 시간이 필요한데, 이것이 바로 잠자는 시간입니다.

그렇다면 아이들의 인생에서 잠이 부족해진다면 아이들에게는 무슨 일이 생기게 될까요? 많은 연구자들은 입을 모아 잠이 부족할 경우 아이의 인지 발달, 정서 발달, 행동 조절 등에 문제가 생기

잠이 부족할 때 아이에게 생기는 일

신체	• 낮 시간 동안의 활동성과 각성 수준에 영향을 미친다. • 반복적인 수면 부족은 신경계의 발달에 변화를 가져온다.
학습	• 인지 수행 능력과 과제 수행 능력에 부정적인 영향을 미친다. • 학습 효율성이 떨어진다.
행동	• 과잉 행동, 화, 공격성, 충동성, 떼쓰기, 방해 행동이 증가한다. • 사회적인 문제를 일으킬 가능성이 높아진다.
정서	• 감정적 반응이 과도하게 나타나고, 위축, 불안, 우울 등의 부정적인 정서가 많이 나타난다.

게 된다고 이야기합니다. 이런 결과는 미국, 일본, 핀란드 등 세계 각국의 모든 연구자들이 동일하게 주장하는 것입니다. 잠이 부족한 아이들의 경우 잠을 충분히 잔 아이들에 비해 우울, 불안, 과잉 행동, 공격성 등의 문제를 더 많이 보이고, 기억력과 학습 능력이 저하된다고 합니다.

특히 5세 이전에 잠자는 시간이 짧았던 아이들은 그렇지 않았던 아이들에 비해 성장하면서 과잉 행동을 더 많이 하고, 충동성이 더 많이 나타나고, 인지 수행 능력이 떨어진다는 연구 결과도 있습니다. 이는 우리의 뇌가 5세 때까지 폭발적으로 발달하기 때문일 것입니다.

그래서 어릴수록 잠을 충분히, 그리고 잘 잘 필요가 있습니다. 일반적으로 초기 아동기에는 최소 10시간 정도 수면할 것을 권장합니다.

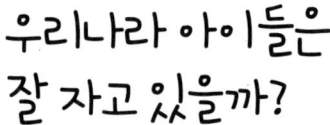

우리나라 아이들은 잘 자고 있을까?

일반적으로 3세에서 5세 미만의 유아들은 11시간~13시간, 5세에서 10세 유아들은 9시간~10시간, 10세 이상은 8시간~9시간 수면할 것을 권하고 있습니다. 이에 그동안 많은 연구자들이 우리나라 유아와 아동의 취침 시간, 기상 시간, 수면 시간에 대한 연구를 진행해왔습니다.

그중 몇몇 연구를 살펴보면, 4세 아동들을 대상으로 실시된 김수정의 연구(〈유아의 수면 습관이 인지, 정서, 행동에 미치는 영향〉, 2015)와 김윤희의 연구(〈만 4세 유아의 야간 수면 길이와 문제 행동의 관계〉, 2015) **결과 대략 평**

균 취침 시간은 21시 30분, 기상 시간은 7시 30분, 수면 시간은 약 10시간 정도였습니다. 또한 3세에서 5세 아동들을 대상으로 한 다른 연구에서는 대략 취침 시간은 21시 56분, 기상 시간은 7시 30분~40분, 수면 시간은 9시간 30분 정도였습니다.

그러므로 유아기의 적절한 수면 시간으로 권장하는 기준에 우리 아이들의 총 수면 시간이 다소 못 미치고 있습니다. 이보다 더 심각한 것은 연구 대상 아동들 중에서 수면 시간이 9시간 미만인 경우가 5.2%에 달했다는 것입니다.

핀란드 헬싱키대학교의 심리학과 교수 아누 카트리나 페소넨(Anu-Katriina Pesonen)과 여러 동료들의 연구(《Sleep duration and regularity are associated with behavioral problems in 8-year-old children》, 2010)를 살펴보면 6세에서 12세 아동이 9시간 미만으로 잘 경우 주의가 산만하고 공격적인 행동이 증가하는 것으로 나타났습니다.

우리나라의 여러 연구들도 유아기의 수면 시간이 9시간 미만일 경우 아동기에 여러 가지 문제 행동을 일으킬 확률이 높아진다고 보고하고 있습니다. 그러므로 아이들이 적절한 수면 시간을 가질 수 있도록 부모들이 잘 도와주어야 하는 것입니다.

수면 시간 vs 수면의 질, 뭐가 더 중요할까?

 아이들이 잠을 잘 자기 위해서는 수면의 규칙성, 만족도, 깊이, 잠드는 데 걸리는 시간, 지속성 등 많은 요인들을 점검해봐야 합니다. 일반적으로 질 좋은 잠을 방해하는 요인은 같은 시간에 잠자리에 들지 않으려 하고, 부모와 같은 방에 있으려고 하고, 잠자는 시간에 안 자려고 발버둥치고, 혼자 잠자는 것을 무서워하는 것 등입니다. 이와 같은 이유로 잠드는 시간이 자꾸 지연되면 당연히 총 수면 시간도 줄어들 뿐 아니라 질 좋은 수면을 하기 어려워집니다.
 그렇다면 수면의 양과 질 중에 어떤 것이 아이들에게 더 중요한 영향을 미칠까요?

이러한 궁금증을 가지고 여러 연구자들이 연구를 해왔는데, 그중 이스라엘에서 아동 98명을 대상으로 5~6세 때의 수면 문제가 초등학교 1학년 시기의 인지, 정서, 행동 그리고 학업 성취와 어떤 관계가 있는지 살펴본 연구가 있습니다. 이 연구 결과 수면의 질은 아동들의 인지, 정서, 행동, 쓰기, 읽기, 수 등의 학업 성취와 관계가 있었고, 수면의 양은 정서 및 행동 문제에만 관계가 있었습니다. 수면의 양과 질이 각각 아이들에게 미치는 영향이 다소 다를 수 있다는 것이지요.

이 외에도 국내외의 연구 결과들을 종합해보면 수면이 아이에게 미치는 영향을 다음 표와 같이 정리해볼 수 있습니다.

수면이 아이에게 미치는 영향

	늦은 취침 시간	짧은 수면 시간	질 낮은 수면
인지발달	×	△	○
정서 (우울, 불안, 신체 증상 등)	○	△	○○
행동 (과잉 행동, 화, 공격성, 충동성, 떼쓰기 등)	○	○	○○

이 결과들을 보면 아이들이 많은 시간 자는 것도 중요하지만 질 좋은 잠이 더 중요하다는 것을 알 수 있습니다. 또한 단순히 취침 시간만 늦을 뿐 충분한 시간 동안 수면을 하는 경우라면 이는 인지 발달을 저해하지 않는 것으로 알려져 있습니다. 하지만 대개 취침 시간이 늦을 경우 수면 시간이 부족해질 수밖에 없으므로 결국 수면의 질을 해칠 여지가 큽니다.

취침 시간이 늦어지는 것은 잠자는 시간 자체가 늦어지는 경우도 있지만, 잠자리에는 누워 있어도 실제로 잠들 때까지의 시간이 지연되기 때문이기도 합니다. 물론 가장 바람직한 것은 아이가 눕자마자 또는 잠자리에 든 후 이내 잠드는 것인데, 그렇지 않은 경우도 많습니다. 그래도 대략 잠자리에 누운 뒤 20분 정도가 되면 잠이 들기 마련입니다.

그러나 잠들기까지의 시간이 지나치게 길어지면 취침 시간이 늦어지고, 이것은 수면의 양과 질 모두에 영향을 미쳐 결국 아이의 인지, 정서, 행동 모두에 문제를 일으키는 주범이 될 수 있습니다. 그러므로 될 수 있는 한 15분 정도까지는 부모가 아이의 편안한 잠을 위해 노력해주고, 20분쯤 되면 아이 스스로 잠들 수 있도록 도와야 합니다.

아이의 숙면은 엄마를 행복하게 만든다

 그동안 상담을 하면서 "선생님! 아이가 잠을 너무 안 자서 정말 3세까지는 가수면 상태에서 살았어요. 항상 비몽사몽해서 너무 힘들었어요. 지금은 그나마 조금 나은데 그래도 여전히 잠들고 깨는 것이 어려워요"라는 이야기를 하는 분들이 많았습니다.

 그런데 아이들 이야기를 들어보면 "저는 잠이 잘 안 와요. 1시간을 누워 있어도 잠이 안 와서 그냥 눈만 뜨고 있어요"라고 합니다. 심지어 잠을 재우러 들어간 엄마가 먼저 잠들어버리고, 아이는 혼자서 놀고 있기도 합니다.

이렇게 아이가 잠을 자지 않을 경우 아이에게만 부정적인 영향을 미치는 것이 아닙니다. 아이를 훈육하는 엄마 역시 어려움을 겪게 됩니다. 아이가 밤에 푹 못 자서 낮에 까칠하게 행동하는 것도, 잠자리에서 자꾸 아이를 혼내는 것도 힘겹다 보니 부모와 자녀 관계가 나빠지고 엄마의 양육 자신감이 떨어져 결국 엄마는 우울감과 불안감을 더 많이 느끼게 됩니다.

한 연구 결과를 보면 아이의 수면 문제를 개선시키고 나니 엄마와 아이 사이에 부정적인 상호작용이 크게 감소했다고 합니다. 아이가 빨리 잠자리에 들고 푹 잘 자게 되면 엄마와 자녀 사이의 관계가 좋아지고 엄마의 양육 건강지수가 높아진다는 것입니다. 정말 아이들의 잠이란 아이뿐 아니라 엄마에게도 중요한 영향을 미치는 것이지요.

그렇다면 영유아기의 아이들이 질 좋은 수면을 할 수 있도록 돕는 방법은 무엇일까요?

일반적으로 부모가 자녀와 함께 늦게 귀가하는 일이 잦고, 취침 시간이 늦고 불규칙한 경우 아이들의 문제 행동이 상대적으로 높아진다고 보고되고 있습니다. 즉, 자녀의 수면의 질을 높이기 위해서는 "어서 자라", "잘 자야 잘 큰다" 하고 아이만 채근해서는 안 된다는 것입니다. 가족들의 생활 스타일도 개선하고 함께 노력해야 되는 일입니다.

이와 더불어 낮 시간 동안 신체 활동을 충분히 하고, 간단한 잠의식을 매일 반복하는 것으로 아이의 수면의 질을 높일 수 있습니다. 밤새 깨지 않고 아이가 푹 잘 수 있도록 하기 위해 다음의 10가지 활동들을 실천해보세요.

아이의 질 좋은 수면을 위한 10가지 행동지침

1. **늦은 시간의 낮잠은 피해주세요.** 가능한 한 낮잠 시간은 점심 이후, 또는 점심 놀이 이후로 하는 것이 좋습니다.

2. **이른 낮 시간에 규칙적인 운동을 시켜보세요.** 규칙적인 운동은 규칙적인 수면에 도움이 됩니다. 특히 아동에게 신체 놀이는 다양한 감각을 받아들일 수 있는 좋은 운동입니다. 그러므로 낮에 아이가 충분히 놀 수 있도록 하는 것이 좋습니다.

3. **근육과 관절을 많이 사용할 수 있는 활동을 제시해주세요.** 그네 타기, 시소 타기, 암벽 등반, 사다리 오르기, 미끄럼틀 오르내리기, 매달리기, 달리기, 높은 곳에서 점프하기 등을 충분히 하는 것이 도움이 됩니다.

4. **계단을 이용하세요.** 학교나 집, 학원 등에서 이동할 때 한두 층 정도는 엘리베이터가 아닌 계단을 이용해보세요.

5. **무게감을 느낄 수 있는 활동도 도움이 됩니다.** 산책을 할 때 유아용 가방에 약간의 무게감이 있도록 좋아하는 물건 등을 넣어서 직접 메고 걸어 다니게 하는 것도 좋습니다.

6. **잠자리의 온도와 습도를 맞춰주세요.** 일반적으로 아이들이 편안하게 잠을 자기 위해서 침실 온도는 20~23도, 습도는 60%가 적당합니다.

7. **취침 전 따뜻한 물로 목욕을 시켜주세요.** 그러나 이때 아이들이 목욕 시간을 놀이 시간으로 생각해 너무 신나게 놀면 과한 자극이 되기도 합니다. 이럴 경우 목욕 시간을 이른 저녁이나 오후로 옮겨주는 것이 좋습니다.

8. **아이 몸을 꾹꾹 눌러주는 마사지를 해주세요.** 목욕 후 오일이나 로션으로 마사지하거나 잠들기 전 등, 발, 다리, 손, 팔 등 전신을 꾹꾹 주물러주면 좋습니다. 아이가 로션 바르는 것을 싫어하면 좋아하는 재질의 옷을 입힌 채로 해도 괜찮습니다. 잠들 때 다소 묵직한 이불을 덮어주거나 엄마 손을 아이의 몸에 올려놓아도 안정감을 느낄 수 있습니다.

9. **가벼운 대화를 나눠보세요.** 잠들기 전 아이 옆에 눕거나 앉아서 하루 동안 있었던 일이나 내일 하고 싶은 일에 대해 이야기를 나누는 것도 도움이 됩니다.

10. **잠자기 전 자극은 줄여주세요.** 잠자기 전에는 말소리를 낮추는 것이 아이를 편안하게 만들어 숙면을 취할 수 있게 돕습니다. 때로는 아주 희미한 불빛이 오히려 아이를 편안하게 만들어줍니다.

함께 자는 것이 좋을까, 따로 재우는 것이 좋을까?

　상담 센터를 찾는 어머니들이 많이 문의하는 것 중 하나가 '언제까지 아이와 같이 자도 되는가?'입니다. 아마도 아이가 엄마와 계속 같이 자려고 하기 때문에 이런 고민을 하는 분들이 많을 것입니다. 사실 그 답은 아이가 가지고 있습니다. 아이가 너무 분리되는 것을 힘들어할 때에는 아이가 준비될 때까지 기다려주는 것이 좋습니다. 대부분의 아이들은 따로 떨어질 준비가 되면 같이 자자고 해도 혼자 자겠다고 하기 때문입니다.
　그런데 아이들의 수면과 관련된 연구들은 공통적으로 아이가 부모와 함께 잘 때 잠드는 시간이 지연되고, 부모의 양육 스트레스가 더 높아진다고 보고하고 있습니다. 이에 따라 일반적으로 혼자 잠을 재우는 시기를 4세쯤으로 권고합니다. 그 이전 시기에는 아이 옆에서 함께 잠들었더라도, 4세 이후에는 15분 동안 함께 시간을 보낸 후 굿나잇 키스를 하고 아이 방에서 나오는 것이 좋습니다.

만약 아이가 계속 엄마를 부른다든지, 무서워서 매달리는 행동을 한다고 해도 "그래, 이번이 마지막이야"라는 식으로 봐주는 행동을 해서는 안 됩니다. 그러면 아이는 계속 엄마를 찾게 되고, 엄마는 잠자기 전 15분의 시간이 점점 부담스러워질 것입니다.

이때에는 다음과 같은 방법을 사용해서 서서히 아이가 엄마와 분리되어 잠잘 수 있도록 연습시켜볼 수 있습니다.

◌ 잠자기 전 15분을 꼭 지켜주세요.

매일 잠자기 전 15분 동안 아이와 교감하는 시간을 갖고, 그 시간 동안만 아이와 상호작용하시기 바랍니다. 아이가 원한다고 해서 자꾸 시간을 연장하면 아이의 수면에 방해가 될 뿐입니다.

이렇게 매일 일관성을 가지고 시간을 지켜주면 아이도 15분 동안 편안하게 부모님과 상호작용한 후에는 잠자리에 들어야 한다는 것을 온몸으로 받아들이게 됩니다.

○ 계속 엄마를 부를 때는 이렇게 하세요.

15분간 교감의 시간을 보낸 후 아이 방에서 나왔는데 아이가 계속 엄마를 부를 경우, 아이 방 문을 조금 열어놓고 엄마는 거실에 앉아서 "그래, 엄마 여기 있어. 그런데 우리는 내일 아침에 만날 거야" 하고 이야기해주는 것이 좋습니다.

○ 아이가 엄마와 분리되지 못하는 이유를 찾아보세요.

아이의 행동에는 반드시 이유가 있습니다. 그 이유를 잘 이해해야 제대로 된 해결책을 찾을 수 있습니다. 이 책에 그 이유와 대처 방법을 소개해놓았습니다. 이제 하나씩 찾아보도록 하지요.

part

4

낮을 잘 보내야 밤이 편안하다

낮에 충분히 놀고, 부모와 좋은 관계를 유지하고, 따뜻한 애착을 형성하고, 건강한 훈육을 경험하면 아이들은 더욱 편안하게 잠들 수 있습니다. 그러기 위해서는 하루가 다르게 성장하는 아이의 변화에 따라 부모의 양육 태도도 달라져야 합니다.

밤 시간의 잠은 낮 시간의 활동과 깊은 관계가 있습니다. 밤과 낮이 따로 분리되어 있는 것이 아니라, 앞에서도 살펴보았듯이 낮 시간의 경험, 감정 중 소화되지 않은 것들이나 해결되지 않았던 일의 잔상들이 잠들기 전의 시간이나 잠들고 난 이후 꿈으로 나타날 수 있습니다. 그러니 만약 낮 시간이 불만족스러웠거나, 소화하기 힘든 경험으로 가득 차 있었다면 잠들기 전의 시간과 수면 시간이 편안하지 않을 가능성이 높아집니다.

아이들이 잠을 잘 잘 수 있도록 돕기 위해서는 낮 시간을 잘 보낼 필요가 있습니다. 낮 시간에 충분히 놀고, 부모와 좋은 관계를 유지하고, 따뜻한 애착을 형성하고, 건강한 훈육을 경험하게 되면 잠자는 시간은 더욱 편안함으로 가득 차게 될 것입니다.

이렇게 아이들과 낮 시간을 잘 보내기 위해서는 평소 아이를 대할 때나 훈육할 때 그리고 아이와 놀아줄 때 부모님의 태도가 어떤지 한번 점검해볼 필요가 있습니다.

부모도 성장하기 위해서 알아야 할 것들

우리는 아이를 낳고 품에 처음 안았을 때의 감격을 잊을 수 없지요. 울기만 했던 아이가 "맘맘마마" 하다가 어느 날 "엄마"라고 처음 말했던 순간, 걷기 시작한 날, 처음 유치원에 간다고 가방 메고 나섰던 날, 품에 안겨서 "이 세상에서 엄마가 제일 예쁘다"고 말해주던 날의 모습은 소중한 기억으로 마음속에 남아 있습니다. 육아로 힘든 어느 날 이런 추억들을 살짝 꺼내 보면 나도 모르게 웃음 짓고, 위로받게 됩니다.

요즘 TV에서 하는 육아 예능을 보면 아이들이 자라는 모습이 너무 기특해서 그 예쁜 모습 그대로 머물러 있기를 바라는 마음이 생기기도 하지요. 하지만 아이들은 그 상태 그대로 머물러 있지 않고 계속 성장하고 발달합니다.

남에게 뭐든지 잘 주던 아이가 소유 개념이 생기면서 자기 것이라고 울면서 주지 않으려고 하고, 마치 "싫어", "안 해"라는 말을 하기 위해 태어난 아이처럼 죽어라 말을 듣지 않기도 하고, 엄마 말에 또박또박 말대꾸를 해서 엄마 속을 다 뒤집어놓기도 합니다. 어느 순간에는 친구 말을 더 절대적으로 따르면서 엄마 말을 무시하기도 하지요.

이런 행동들은 그냥 우연히 나타나는 것이 아니라 각 발달 시기마다 반드시 이루어야 할 아이들의 심리적인 발달 과제 때문에 나타납니다. 이렇게 아이들은 하루가 다르게 성장하는데, 엄마는 여전히 한 살 때 엄마에게 절대적으로 의존하던 아이에 대한 기억에서 벗어나지 못한다면 부모와 자녀 관계에 심각한 불협화음이 생기겠지요.

부모 자녀 관계가 불협화음으로 가득 차 있으면 아이의 밤 시간 역시 스트레스로 가득 차게 됩니다. 그러므로 아이의 성장에 발맞춰 부모도 함께 성장해야 합니다. 그러기 위해서 부모들이 꼭 알아야 할 것이 있습니다.

다음의 내용을 주목해주세요.

항상 아이의 연령을 먼저 생각해보세요

아이가 하는 행동이 잘 이해되지 않을 때는 '가만 있어봐라, 지금 내 아이가 몇 살이더라' 하고 먼저 생각해보세요. '아, 지금 만 3세지' 하고 아이의 연령을 떠올린 다음에는 그 시기에 아이들이 보통 어떻게 행동하는지 생각해봐야 합니다.

3세는 신체, 언어, 인지가 많이 발달하면서 엄마, 아빠의 도움 없이 스스로 해보려고 하는 자율성과 주도성이 발달하는 시기입니다. 이때 말을 듣지 않고, "안 해", "싫어"라고 말하는 것은 '나 이제 조금씩 독립적이 되어가고 있어요. 나 좀 봐주세요'라는 마음의 외침입니다.

이 사실을 알고 있는 어머니라면 "너 왜 이렇게 말을 안 듣고 난리야!"라고 혼을 내기 전에 "너 마음껏 해보고 싶은 거지?"라고 아이의 마음을 읽어주면서 아이와의 관계에서 생기는 팽팽한 긴장감을 늦추고 한 박자 쉬어갈 수 있게 됩니다. 그러면 엄마와 아이 모두 흥분을 가라앉힌 뒤에 "그런데…" 하고 아이가 제대로 들을 수 있는 훈육을 할 수 있게 됩니다. 엇박자에서 벗어나게 되는 것이지요.

0~1세는 아이의 생물학적 요구를 살펴주세요

자, 이제 좀 더 구체적으로 아이의 연령에 따른 부모의 적절한 태도를 알아보겠습니다. 대략 출생 후 1세까지는 주 양육자에게 절대적으로 의존할 수밖에 없는 시기로 아이의 인생 중 가장 취약한 시기입니다.

특히 이 시기는 이성적인 판단보다는 자신의 모든 감각으로 세상을 판단하고 이해하다 보니 예민한 아이의 경우, 작은 소리에도 깜짝 놀라고, 쉽게 불안감을 느끼게 됩니다. 그러므로 이때는 아이의 불편감이나 먹고, 자고, 변을 보는 등 생물학적 요구에 민감하게 반응해서 맞춰주는 것이 필요합니다.

2세 이후에는 아이의 기질을 이해해주세요

대부분 3세까지 조금 더 나아가서는 대략 5세까지 아동들을 상담할 때, 어머니들이 가장 힘들어하는 것이 바로 아이의 까다로운 기질입니다. 낯선 사람만 보면 울고, 새로운 곳은 잘 가지 않으려 하고, 남자 목소리만 들어도 무서워하고, 누가 만지기만 해도 때렸다고 화내고, 밤에 잠도 잘 못 자고, 옷 입는 것도 까다로워서 새로운 것은 잘 안 입으려고 하고….

이렇게 도저히 이해할 수 없고 대처하기 어려운 행동들이 계속 나타나니 부모들은 아이를 이해하기도 어렵고, '내가 엄마 자격이 없나', '내가 아이를 잘못 키우나'라는 생각이 들어 아이를 키우는 데 대한 자신감도 떨어집니다. 심지어는 무력감까지 느끼게 됩니다.

그러나 유아기의 이런 행동들은 아이가 이상해서도 아니고, 엄마의 양육 태도에 문제가 있어서 나타나는 것도 아닙니다. 대부분은 생물학적 반응으로, 까다롭고 예민한 기질 때문에 생기는 경우가 많습니다.

까다로운 기질을 가진 아이들은 자기도 모르게 외부에서 들어오는 자극을 적절히 무시하지 못하고 다 받아들이다 보니 불안하고 불편해서 견딜 수 없게 되는 것입니다. 이때 엄하게 혼을 내거나 뭐가 무섭냐고 채근하기만 하면 아이의 불안에 기름을 붓는 격이 되어 아이가 더욱 불편감을 느끼게 됩니다.

이럴 때는 가장 먼저 불안에 휩싸여 있는 아이의 정서에 공감해 주세요.

예를 들면 "갑자기 소리가 나서 놀랐지" 하고 말해주는 것입니다. 그다음 너무 예민하게 받아들여 오해한 자극에 대해 잘 설명해 주세요. "이 소리는 밖에서 강아지가 멍멍 짖는 소리야. 밖을 한번 볼까?" 하는 식으로요. 그리고 "다음에도 갑자기 이런 소리가 들릴 거야. 그때는 '강아지구나'라고 생각해야 해" 같은 말로 아이가 다음번에는 잘 예상해서 스스로 마음을 다스릴 수 있도록 도와주면 좋습니다.

이 외에도 바깥 활동 등 몸을 움직이는 놀이도 큰 도움이 됩니다.

일반적으로 기질 때문에 발생하는 정말 이해하기 어렵고 다루기 어려운 아이의 행동은 아이가 성장하면서 점점 줄어들게 됩니다.

하지만 아이에 대한 이해와 양육 방법에서 길을 잃었을 때 이를 그대로 방치하면 엄마와 아이 모두 힘든 시간을 겪게 됩니다. 이런 경우 망설이지 말고 가까운 상담 센터를 방문해서 좀 더 전문적인 도움을 받는 것이 좋습니다.

🌟 2세까지는 애착, 5세까지는 자율성과 주도성 발달에 주목하세요

사실 애착, 자율성과 주도성은 인간 발달의 가장 핵심이 되는 중요한 심리 발달 과제입니다. 애착을 잘 형성한 아이들은 인간관계에서의 안정감을 온몸으로 체득하게 되어 정서적으로 안정감 있는 아이로 성장합니다.

아이들은 애착을 기반으로 '스스로 경험해보고, 목표를 세워서 이루어내는' 자율성과 주도성을 연마하고 '사람답게 조절하고 행동하는 법'을 배워갑니다. 그러다 보니 이 시기의 아이들은 정말 고집스럽고, 말 안 듣는 행동을 많이 하기도 합니다.

이때 '정말 징그럽게 말 안 듣네'라고 생각하기보다 '에고, 조절을 연습하려고 몸부림치고 있네'라고 이해해주어야 합니다. 2세까지는 아이를 몸으로 안아주지만, 그 이후부터는 아이를 마음으로 안아주어야 자율성과 주도성이 잘 발달할 수 있습니다.

초등학생이 되면 사실 엄마가 공부 열심히 하라고 강조하지 않아도, "공부 안 하면 나중에 굶어죽는다"는 식으로 겁을 주지 않아도 아이들 스스로 열심히 공부해서 훌륭한 사람이 되고 싶어 합니다. 20년 동안 상담을 통해 수없이 많은 아이들을 만났지만 그중에서 "난 공부 못하고 싶어요"라고 말하는 아이는 단 한 명도 보지 못했습니다.

그러나 유아기에 애착, 자율성과 주도성의 주춧돌을 튼튼하게 놓지 못할 경우 아이들은 근면함과 성실함을 가지고 자신의 일에 집중하기 어려워질 수도 있습니다. 만약 그렇다 하더라도 늦지 않았습니다. 지금이라도 스스로 결정하고 판단하고 경험할 수 있는 일들을 많이 제공해주고, 결과보다는 과정에 집중해주면 아이들은 자신들이 이미 가지고 있는 선한 동기인 성실함과 근면함을 잘 연습해나갈 수 있게 됩니다.

이제 "엄마가 해줄게. 엄마만 믿어"라는 자세에서 벗어나 "네가 해냈구나. 이건 네 생각이란 말이지?", "이걸 혼자 해보려고 애쓰고 있네" 등과 같이 아이 스스로 해내는 것을 기뻐하고 격려해주세요.

통제하고 지시하는 양육 태도가 아이에게 미치는 영향

발달	창의성이 부족해진다.
행동	의존적이 되고, 좌절이나 실패를 경험할 때 적대적, 공격적 반응을 보인다.
정서	위축되고, 불안정해지고, 심하게 수줍어한다.
사회성	사교성과 타인에 대한 배려가 부족해지고, 불안정한 또래 관계를 맺게 된다.

이렇게 이야기하면 "그럼 선생님, 아이가 원하는 것은 다 들어주어야 하나요?", "아이가 하고 싶은 건 다 하도록 내버려둬야 하나요?"라고 질문하는 어머니들이 있습니다. 물론 당연히 "아닙니다!"

이때 중요한 것은 "그런데 여기까지만 해야 해"라고 정확한 한계점을 알려주는 것입니다. 이것이 바로 훈육이지요. 따라서 아이를 기죽이지 않고 훈육하는 요령을 알고 있으면 도움이 됩니다.

화내지 않고
아이를 훈육하는 방법

'훈육'이라고 하면 어떤 장면이 떠오르나요? 부모의 얼굴은 일그러져 있고, 아이는 고개를 푹 숙이고 있는 장면이 떠오르나요? 아니면 부모는 팔짱을 끼고 서 있고, 아이는 기가 죽어서 눈치만 보고 있는 장면이 떠오르나요?

사실 이 모든 것은 훈육과 거리가 먼 장면입니다. 아이를 자꾸 혼내고, 화내고 짜증내고 급기야는 때리게 되면 당연히 부모와 자녀 관계는 나빠지고, 아이도 기가 죽어서 남의 눈치를 살피게 되겠지요. 이런 일이 반복되면 아이는 자신에 대한 좋은 느낌을 가질 수 없게 되고, 마음속에는 '에잇~ 왜 자꾸 혼을 내는 거야. 내가 뭘 그렇게 잘못했다고' 하는 화가 쌓이게 됩니다.

아이를 잘 키워보려고 시작한 일이 오히려 아이에게 부정적인 영향을 미치게 된다면 이보다 억울한 일이 어디 있을까요. 자, 이제 신경질이나 화를 내지 않으면서 사회에 잘 적응하는 아이로 키우는 올바른 훈육 방법을 알아보겠습니다.

훈육은 체계적인 가르침입니다

훈육이란 자녀에게 되는 것과 안 되는 것을 체계적으로 잘 가르치는 과정을 말합니다. 즉, 아이를 사회화시키는 가정 교육으로, 부모의 신경질이나 분노 폭발과는 관계가 없습니다.

훈육을 '혼내는 것'이라고 여기는 부모들은 선뜻 훈육을 하지 못하고 처음에는 참게 됩니다. 몇 번 참다가도 결국 화가 나서 소리를 지르게 되지요. 그러면 아이는 아이대로 깜짝 놀라서 엄마가 또 언제 소리 지를지 몰라 계속 눈치를 살피게 되고, 엄마는 엄마대로 아이에게 분노를 쏟아 붓는 자신의 모습에 죄책감을 느끼게 되지요. 이것은 화를 내고 신경질을 내는 것이지 훈육이 아닙니다.

무엇을 가르칠 것인지, 왜 아이가 잘 안 받아들이는지, 부부가 어떤 가치관으로 아이를 지도할 것인지에 대한 체계적이고 구체적인 계획을 가지고 하나씩 연습시키는 것이 훈육입니다.

먼저 부모님의 양육 방법을 점검해보세요

그러나 이런 가치관을 가지고 아이를 친절하게 가르친다고 해서 아이가 한 번에 부모의 말을 잘 듣지는 않지요. 특히나 평소에 엄마가 이것저것 다 해주었거나, 사사건건 잔소리식의 훈계가 많았던 경우는 더더욱 한 번에 말을 듣지 않습니다.

혹시 아이가 평소 지시를 잘 따르지 않는다면 가장 먼저 과잉 보호 또는 과잉 통제하고 있지 않은지 양육 방식을 검점해봐야 합니다.

스스로 판단하고 결정하는 자율성이 보장되지 않을수록 아이는 점점 더 말 안 듣는 아이로 성장하게 됩니다. 그러면 훈육의 시간은 결국 부모의 분노 폭발로 끝이 나버리겠지요. 혹시 이런 '과잉'의 양육 태도를 가지고 있다면 반드시 그 수위를 조절해야 합니다.

아이의 성향을 고려해야 합니다

양육 태도에는 문제가 없다고 판단된다면 그다음에는 아이의 성향을 고려해보아야 합니다. 일반적으로 다소 산만하거나 충동적인 아이들은 전환에 어려움이 있어서 자기가 좋아하는 것은 무조건 하려고 하고 또 오래하고, 자기가 싫어하는 것은 쳐다보지도 않고 금방 관심이 떠나버려서 뭔가를 체계적으로 가르치기 어려울 때가 많습니다. 이런 경우 부모의 잔소리가 많아지고, 급기야는 소리 지르거나 때리는 경우도 종종 생깁니다.

　자, 이때는 말로 길게 설명하기보다 가능한 한 구체적으로 짧게 지시하고, 행동에 대해 그 즉시 격려해주어야 합니다.

아이의 변화된 행동을 담뿍 격려해주세요

　사실 모든 것을 그때마다 다 말로 지적하고 설명한다는 것도 어렵습니다. 다행히 아이들은 그동안 받은 교육으로 적어도 되는 것과 안 되는 것을 구분할 수는 있습니다.

　즉, 몰라서가 아니라 알지만 아직 연습이 덜 되어서 행동이 잘 조절되지 않는 것뿐입니다. 그러므로 "잠깐", "어어!", "안 되는 거 알 텐데" 등과 같이 짧게 주의를 환기시키는 말로도 아이의 행동은 조금씩 바뀔 수 있습니다.

　이렇게 부모가 말을 길게 하고 싶은 유혹의 순간을 잘 넘기면서 한 발 뒤로 물러서 있다 보면 한순간 아이의 행동이 조절되는 것을 볼 수 있습니다. 이때가 바로 기회의 순간입니다. 조절되는 그 순간을 포착해서 "아~ 네가 그렇게 하니까 훨씬 보기가 좋은데?" 등과 같이 긍정적인 격려를 담뿍 해주기 바랍니다. 엄마와 아이가 서로 바라보며 웃는 시간이 더 많아질 것입니다.

인격이 아닌 행동에 초점을 두세요

훈육을 하다 보면 "너는 도대체 누굴 닮아서 그러니", "몇 번을 말해야 알아듣니, 너 바보 아니야" 등과 같이 아이의 인격을 비난하는 말을 하게 됩니다. 이것은 훈육이라기보다는 화가 나서 하는 폭언이라고 봐야 합니다. 이런 경우 아이들은 자신의 행동을 반성하기보다는 억울한 마음이 들어 화를 품게 됩니다.

무엇인가를 가르쳐서 아이의 사회 적응 능력을 키워주려면 그 행동 자체에만 초점을 두어야 합니다. 화가 나면 나도 모르게 아이를 비난하고 싶어집니다. 그럴 때마다 물 한 잔을 마신다든지, 창문을 연다든지 하는 식으로 그 상황에서 한 발짝 물러서보기 바랍니다.

ACT 기법을 활용해보세요

자, 당장 활용할 수 있는 훈육의 팁을 알려드리겠습니다. A(Acknowledgement)는 알아차려주는 것입니다. 즉, 마음 읽기를 하는 것이지요. 한번 집 밖에 나가면 들어오지 않겠다고 울고 떼를 쓰는 아이의 경우 A를 활용해본다면 "아, 너무 재미있지. 집에 가면 이만큼 재미없으니까 더 놀고 싶은 거지" 정도가 되겠지요.

그다음은 C(Communication)입니다. 마음을 알아주었으니 이제 안 되는 이유를 말해주어야겠지요. 이때 유의 사항은 될 수 있는 한 짧게 말하는 것입니다. "그런데 안 돼. 이제 가서 밥 먹어야 해."

그런데 이렇게 한다고 해서 아이들이 갑자기 방긋 웃으면서 "네, 엄마. 알겠어요"라고 말하지는 않지요. 아이들은 안 되는 것을 알아도 엄마가 안 된다고 하면 일단 마음속에 심리적 저항감을 갖게 되기 때문입니다.

이것을 잠재울 수 있는 것이 바로 T(Target behavior)입니다. 이것은 '대안 주기'로 이름 붙일 수 있습니다. "대신 집에 가서 엄마랑 화장실에서 비눗방울 불자" 등과 같이 아이가 관심을 가질 만한 대안을 제시해주세요.

훈육의 최종 목표는 자기 조절 능력을 키우는 것입니다

이런 노력을 통해 아이에게 최종적으로 기대할 수 있는 것은 바로 자기 조절 능력입니다. 이 능력은 인간을 인간답게 기능할 수 있도록 돕는 심리적인 힘입니다.

부모가 훈육이 무엇인지 잘 이해하고, 아이와의 관계를 해치지 않는 효과적인 방법으로 훈육을 잘 활용하는 과정을 통해 아이들은 '되는 것과 되지 않는 것'을 큰 심리적 저항 없이 받아들이게 됩니다. 또한 대안 행동을 계속 연습해보면서 '원하는 것을 얻는 방법이 한 가지만 있는 게 아니구나, 다른 방법을 찾으면 더 즐겁게 문제를 해결할 수 있네'라는 사실을 알게 됩니다.

그 결과 아이의 문제 해결 능력이 향상되어 똑똑한 아이로 성장할 뿐만 아니라 자기 조절 능력을 가진 지혜로운 아이로 자라나게 되는 것입니다.

자기 조절 능력은 연령에 따라 다음 표와 같이 발달합니다.

연령에 따른 자기 조절 능력의 발달

	만 1세 이전	만 1세	만 2세	만 3~6세	학령기
발달 단계	생리적, 감각적 반응	통제력 발현	자기통제	자기조절	좀 더 복잡한 책략 사용
자기조절 형태	환경에 반사적, 신체적으로 반응	부모의 요구 이해 가능	부모의 지시, 금지에 따름	• 내재적, 자율적 • 만족 지연, 억제, 반성적 사고를 통해 행동 및 정서 조절	• 행동 조절 (자기 행동을 계획, 점검, 평가) • 정서 조절 (인식, 억제, 대처)
부모님이 반드시 해줘야 할 것	절대적인 보호와 위안	일관성 있는 태도	안정된 애착 형성	• 적절한 보상 • 언어를 통한 훈육 • 가상 놀이 함께 해주기	• 좋은 모델 보여주기 • 언어로 상호작용
아이가 얻는 열매	안전감	자기감	자율성	주도성	근면성, 책임감
아이가 치러야 할 대가	불안	불안	엄마와의 분리 불안	• 반항 • 의존적 태도 • 외부적응 어려움	• 행동 문제 • 동기 저하 • 자기주도 학습 어려움

자기 조절 능력이란 무엇인가요?

건강한 훈육을 통해 점차 자기 조절 능력이 성장하면 아이들은 자신의 감정을 차츰 조절할 수 있게 되고, 또래 관계나 학교 생활에도 잘 적응하게 됩니다. 또한 부모님과 잠자기 전 15분 동안 좀 더 편안하게 상호작용할 수 있습니다.

자기 조절 능력은 다음의 네 가지 의미로 설명할 수 있습니다.

1. **스스로** : 자신의 의도나 계획에 따라 적절한 행동은 하고 부적절한 행동은 억제할 수 있는 능력입니다. 다른 사람의 감시 없이도 자기 스스로 사회적으로 인정된 행동을 합니다.
2. **적응하기** : 다양한 사회적 상황에 융통성 있게 적응하는 능력입니다.
3. **더 큰 결과를 위하여** : 더 큰 결과를 얻기 위해 기다리고, 만족을 지연시키면서 무시되어야 할 행동은 억제하고 선택한 행동은 끝까지 해내는 능력입니다.
4. **자기 관리** : 상황에 휘둘리지 않고 자신의 행동, 사고, 감정을 다루는 능력입니다. 환경의 요구에 적절히 대처하기 위해서 스스로 행동과 정서를 적절히 조절하여 관리합니다.

아이와 제대로 놀아주는 부모의 태도

"새는 노래하고, 물고기는 헤엄치듯이 아이들은 놀이한다." 이 말처럼 놀이란 아이들의 생활 그 자체입니다. 그러므로 무엇보다 낮 시간을 아이들이 행복해하고 즐거워하는 놀이로 채워주세요.

그러나 놀이를 할 때 부모가 마음대로 아이의 놀이에 개입하거나 놀이를 빙자해서 학습을 시키는 등의 태도로 아이의 놀이를 방해한다면 아이들은 '진짜 놀이'가 아닌 '가짜 놀이'를 하게 되어 제대로 놀았다는 충만감을 갖기 어렵습니다. 부모는 시간과 노력을 들여 놀아주었다고 생각하지만 아이에게서 "엄마, 나 언제 놀아?"

라는 소리를 듣게 되는 것이지요.

무엇보다 아이를 존중해주는 것이 중요합니다. 아이는 최고의 놀이 설계자입니다. 모든 아이들은 지금 자신에게 필요한 놀이가 무엇인지 선별하고 선택할 수 있는 능력, 자신이 선택한 놀이를 통해 발달을 촉진시켜나갈 수 있는 기가 막힌 능력을 가지고 있습니다.

그렇다면 낮 시간 동안 아이와 제대로 놀아주기 위해서 부모는 어떤 태도를 가져야 할까요?

놀이의 주도권은 아이에게 주세요

혹시 아침에 일어나면서 '오늘은 ○○○ 놀이를 해줘야지'라고 놀이의 목록을 적고 계획하나요? 아이가 역할 놀이를 할 때 엄마가 이야기를 다 만들어서 놀이를 끌고 가나요? 놀이를 할 때 "이게 더 좋겠다, 이거 하자. 그렇게 하는 거 아니야. 엄마가 해줄게"라는 표현을 많이 사용하나요? 이는 모두 아이의 진짜 놀이를 방해하고 가짜 놀이로 만드는 좋지 않은 태도들입니다.

아이가 자유롭게, 주도적으로 놀 수 있게 될 때 아이는 자기주도적인 건강한 아이로 성장할 수 있습니다. 이를 위해 간단한 팁을 드리겠습니다. 아이와 놀이를 할 때 '엄마가' 대신에 '네가'로 주어를 바꿔보세요. "엄마가 해줄게"가 아니라 "네가 했구나"라는 표현이 더 많아지겠지요.

놀이를 하면서도 마음 읽기를 해주세요

놀이는 아이들이 자신을 정직하게 드러내는 가장 솔직한 시간입니다. 그러므로 아이의 속마음을 알고 싶다면 놀이하는 태도와 내용을 살펴보면 됩니다. 평소에 아이의 마음이 잘 느껴지지 않고 마음을 읽어주기 어려웠다면 아이의 놀이 시간이야말로 마음을 나누고 공감해줄 수 있는 절호의 기회입니다.

이를 잘 활용할 수 있는 간단한 비법을 하나 알려드리겠습니다. 바로 '연결 대화법'입니다.

아이가 블록을 쌓다가 잘 되지 않아 던져버릴 때 "왜 던져" 하고 화내지 말고, "에고, 블록이 잘 안 끼워져? 던지는 걸 보니 화가 많이 났네" 등과 같이 아이의 생각과 감정, 행동과 감정을 연결해서 아이에게 말해주세요. 이런 연결 대화법을 잘 활용하면 놀이 속에 나타난 아이의 마음도 이해할 수 있고, 아이의 공감 능력이 향상되는 일석이조의 효과를 누릴 수 있게 됩니다.

개방형으로 이야기할 수 있도록 기회를 주세요

놀이를 하고 있을 때 "이건 뭐야?", "왜 이렇게 했어?"라는 질문을 하면 대부분 "몰라", "그냥"이라는 대답을 듣게 될 가능성이 높습니다. 사실 이런 탐색적인 질문은 아이의 놀이를 방해할 때가 많습니다. 만일 아이의 놀이 내용을 자세히 알고 싶다면 "어떻게 된 건지 궁금하네"라고 말한 뒤 조금 기다려보고, 아이가 좀처럼 대답하지 않으면 "엄마가 알고 싶은데 조금 설명해줄래"와 같이 접근하는 것이 좋습니다.

이런 태도는 아이의 생각을 보다 풍성하게 만들고, 아이가 자신의 생각을 자연스럽게 표현할 수 있도록 도와줍니다. 또한 부모로 하여금 아이의 마음을 더 잘 이해할 수 있게 해줍니다.

놀이 결과보다는 과정에 집중해주세요

칭찬은 고래도 춤추게 한다지만 과도한 칭찬이나 결과만 이야기하는 칭찬은 도움이 되지 않을 때가 많습니다. 아이로 하여금 '남의 인정'만을 갈구하게 만들어 앞으로 남이 칭찬해주고 인정해주지 않으면 곧바로 의기소침해질 수 있게 됩니다.

놀이는 남의 인정이 아니라 자신의 만족에 초점을 맞출 수 있도록 돕는 아주 좋은 활동입니다. 이를 위해서는 부모의 태도가 매우 중요합니다.

"다 맞혔네, 역시 잘했어" 하고 결과만 칭찬하지 말고 블록을 끼우고 있을 때 옆에서 보면서 "아, 이걸 어떻게 만들까 지금 생각하고 있구나. 아, 이게 잘 안 맞으니까 다른 곳에 끼웠구나. 어! 그랬더니 잘 들어갔다" 등과 같이 아이가 하고 있는 과정을 따뜻하게 격려해주어야 합니다. 이를 통해 아이는 작은 일에 좌절하기보다는 언제든지 노력하면 이룰 수 있다는 자기 유능감을 갖게 됩니다.

아이의 특성과 기질을 잘 이해해주세요

남자아이와 여자아이의 놀이 방식은 매우 다르게 나타납니다. 또한 아이들의 특성과 기질에 따라 각기 다른 놀이 방식을 띕니다.

남자아이들은 5세 무렵까지 얼핏 보기에 매우 공격적인 놀이를 즐겨 합니다. 이것을 '너무 공격적인 거 아니야', '이러다 밖에 나가서 애들 다 때리고 다니는 거 아니야' 하고 걱정하면서 "왜 자꾸 인형 못살게 굴어!", "왜 로봇으로 싸움 놀이만 하니" 하는 식으로 혼내고 제한만 해서는 안 됩니다. 남자아이들은 이런 놀이를 통해 힘과 공격성을 조절해나가는 연습을 할 때가 많기 때문입니다. 물론 너무 과격해서 남을 다치게 하거나 자신이 다칠 정도라면 제한해주어야 합니다.

까다롭고 예민한 아이들은 바깥놀이보다는 집에서 뒹굴뒹굴하는 놀이를 더 좋아하기도 합니다. 이때에도 "왜 매일 뒹굴기만 해, 다른 애들처럼 밖에 나가 놀아" 하고 채근만 하지 말고 집에서 몸을 움직일 수 있는 놀이를 함께 찾아보는 것이 좋습니다.

아이의 특성에 대한 이해가 선행되어야 양육에 놀이를 제대로 활용할 수 있습니다.

part

5

잠자기 전 15분을
알차게 보내는 방법

잠자기 전 15분의 목적은 아이의 긴장을 풀어주고 마음을 잘 위로해 편안하게 잠자리에 들도록 하는 것입니다. 훈육이나 설교로 이 짧고 소중한 시간을 허비하지 말고 아이의 마음에 충분히 공감해주고 부모의 사랑을 듬뿍 전해주세요.

자신의 특성과 마음을 잘 이해해주는 부모와의 상호작용을 싫어할 아이가 있을까요? 따뜻한 상호작용을 통해 형성된 좋은 부모 자녀 관계는 아이의 인지, 정서, 행동 각 영역에 에너지를 공급하는 주유소 역할을 해줍니다.

자, 이제 아이가 잠자리에 들었습니다. 20분 안에는 잠드는 것이 좋으므로 적어도 15분 동안 아이와 상호작용할 시간이 있습니다. 이 시간 동안 부모는 아이와 무엇을 할 수 있을까요?

이제 잠들기 전 15분을 알차게 잘 활용할 수 있는 구체적인 방법을 생각해보겠습니다.

이때 유념해야 할 것은 15분 이상 넘어가면 오히려 아이의 수면을 방해하여 잠드는 시간이 지연될 수 있다는 것입니다. 그러면 아이의 발달에도 도움이 되지 않을뿐더러 엄마의 양육 스트레스도 더 높아지게 됩니다.

밤 시간에는 너무 큰 욕심을 내지 말고 낮 시간 동안 부족했던 자극을 조금 보충해주고, 편안하게 하루를 잘 정리하고 숙면을 취할 수 있도록 돕는 것을 목표로 해야 합니다.

규칙 정하기
의례성과 일관성을 보장해주세요

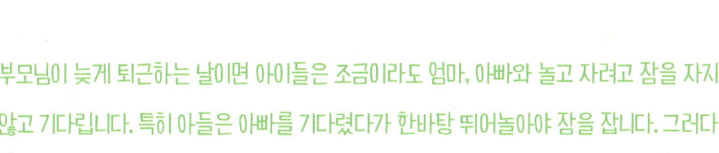

부모님이 늦게 퇴근하는 날이면 아이들은 조금이라도 엄마, 아빠와 놀고 자려고 잠을 자지 않고 기다립니다. 특히 아들은 아빠를 기다렸다가 한바탕 뛰어놀아야 잠을 잡니다. 그러다 보니 잠자는 시간이 불규칙해지고, 아이들에게 빨리 자라고 재촉하고 화를 내게 됩니다.

아이들이 제 시간에, 부모와 실랑이를 벌이지 않으면서 편안하게 시간을 보내다가 잠자리에 들게 하려면 지켜야 하는 중요한 두 가지 원칙이 있습니다.

첫째는 의례적 행동입니다. 잠을 자기 전에 매일 반복하는 행동이 있다면 아이들은 그 행동만 해도 '아~ 이제는 잠잘 시간이구나' 하고 생각하게 됩니다.

예를 들어, 밤 9시가 되면 먼저 잠옷으로 갈아입고, 이를 닦고 와서, 침대에 눕고, 그다음 엄마와 15분 동안 이런저런 것을 하다가 잠드는 일련의 행동을 매일 반복하는 것입니다. 이렇게 하면 아이들은 잠옷으로 갈아입는 순간 곧 엄마와 15분 동안 시간을 보내면서 하루를 정리하게 될 것이라는 것을 온몸으로 인식하게 됩니다. 이런 의례적인 행동을 통해 아이들은 자신도 모르게 몸과 마음이 수면에 들 준비를 하게 됩니다.

둘째는 일관성입니다. 이런 의례적인 행동이 아이의 온몸에 스며들게 하려면 부모의 일관성 있는 태도가 필요합니다.

어떤 날은 "좋아, 기분이다. 오늘은 30분 동안 책 읽어줄게"라고 했다가, 어떤 날은 엄마가 너무 지쳐서 8시부터 "빨리 자"라고 한다면 아이는 혼란스럽겠지요. 아이의 세계에서는 합리적인 규칙이 사라지고, 엄마의 기분이 최고의 규칙이 되는 것입니다. 이런 경우, 아이는 '스스로' 조절하고 '스스로' 판단하기보다는 '엄마에 의해', '엄마 때문에', '엄마의 기준'으로 판단하고 행동하게 됩니다. 점점 아이의 떼가 늘어갈 수밖에 없습니다.

가볍게 긴장 풀기
먼저 아이의 몸을 편안하게 이완시켜주세요

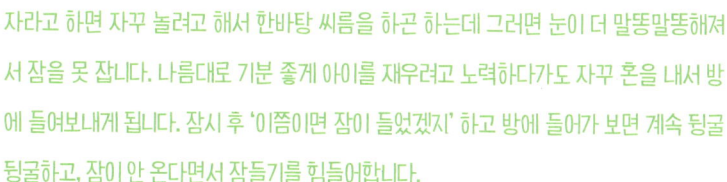

자라고 하면 자꾸 놀려고 해서 한바탕 씨름을 하곤 하는데 그러면 눈이 더 말똥말똥해져서 잠을 못 잡니다. 나름대로 기분 좋게 아이를 재우려고 노력하다가도 자꾸 혼을 내서 방에 들여보내게 됩니다. 잠시 후 '이쯤이면 잠이 들었겠지' 하고 방에 들어가 보면 계속 뒹굴뒹굴하고, 잠이 안 온다면서 잠들기를 힘들어합니다.

아이들은 하루 종일 바쁘게 외부 자극을 받아들이고 이를 종합하면서 성장해갑니다. 그러다 보니 다양한 자극들로 가득 차 있는 뇌와 몸과 마음을 잘 정리할 시간이 필요하겠지요. 이를 돕는 것이 바로 충분한 수면인데, 여전히 신경이 팽팽하게 당겨져 있으면 쉽게 잠들기 어렵습니다.

특히 그날 유난히 스트레스가 많았다든지, 잠자기 전에 너무 뛰어놀아서 몸의 흥분이 가라앉지 않았다든지, 잠자기 전에 부모님에게 크게 혼이 났다든지…. 이런 일들이 생기면 쉽게 잠들지 못합니다.

이때는 가장 먼저 몸의 긴장을 잘 풀어주는 것이 큰 도움이 됩니다. 혹시 '아이가 워낙 에너지가 많으니까 힘을 확 쓰게 만들면 제풀에 꺾여 잠에 곯아떨어지지 않을까' 하고 생각하는 분이 계신가요? 그건 절대 안 됩니다. 너무 과격한 놀이는 오히려 아이의 각성 상태를 높이기 때문에 잠을 더욱 방해하게 됩니다. 온 신경이 자극되어 안정되기까지 더 많은 시간이 걸리는 것이지요. 그러므로 잠자기 전 15분 동안은 편안한 상태로 아이의 몸을 이완시키는 것을 목표로 해야 합니다.

다음의 방법들을 활용해보세요.

단조로운 멜로디의 자장가 불러주기

아이를 재우기 위해 가장 흔하게 사용하는 방법이 아이의 몸을 토닥토닥 두드리면서 자장가를 불러주는 것이지요. 혹시 아이에게 자장가를 불러주면서 노래 실력을 뽐내는 분 계신가요? 마치 오페라를 부르듯이 극적으로 호소력 있게 부르나요? 아마 그러지는 않을 것입니다. 이렇게 노래 실력을 뽐냈다가는 아이가 후다닥 잠이 깨서 재우기 더 어려워지기 때문입니다.

사실 우리에게는 전통적으로 아이들을 재울 때 흥얼거리는 단조로운 멜로디의 자장가가 있습니다. 한국 사람이라면 이 노래를 누구나 알고 있을 것입니다. "자장자장 우리 아가, 잘도 잔다 우리 아가"라는 단순한 가사가 반복되는 자장가지요. 나지막한 음으로 이 노래를 불러주면 아이들은 쉽게 잠에 빠져들게 됩니다.

꼭 이 자장가가 아니어도 됩니다. 그저 엄마의 목소리가 편안하게, 반복적으로 들리면 이것으로도 아이는 긴장을 풀고 엄마의 따뜻함을 느끼면서 편안하게 잠들 수 있게 됩니다.

물론 파도 소리같이 단조롭고 반복되는 자연의 소리를 들려주는 것도 수면을 돕는 좋은 방법으로 알려져 있습니다. 하지만 아이가 어리다면 배 속에서부터 들어온 엄마 목소리로 아이를 편안하게 해주는 것이 아이의 수면도 돕고 엄마와 좋은 관계를 만들 수 있는 일석이조의 방법이 될 수 있겠지요.

애정이 담긴 가벼운 스킨십

아이가 어릴 때에는 뇌와 더불어 온 감각으로 사물을 파악하고 받아들입니다. 그러다 보니 약 2세까지는 피부가 제 2의 뇌 역할을 합니다. 물론 2세 이후에도 잠자기 전 15분 동안의 가벼운 스킨십은 아이를 편안하게 만들고 좋은 호르몬이 나오게 만들어서 최상의 컨디션이 되도록 도와줍니다.

가볍지만 따뜻한 스킨십을 할 수 있는 놀이에는 어떤 것이 있을까요?

○ 손가락 놀이

아이 손바닥에 엄마의 검지와 중지를 올려놓고 움직여보세요. 손바닥에서 출발해 점점 팔, 머리, 얼굴 등으로 이동하면서 가볍게 아이의 몸을 터치해주면 됩니다. 이때 간단한 이야기를 곁들이면 금상첨화지요.

예를 들어 "옛날 옛날에 어떤 사람이 이 세상에서 가장 예쁜 아이가 누군지 찾고 있었어요. 한참을 걷다 보니, 어! 여기에 예쁜 팔이 있네. 또 가다 보니, 어! 여기에 예쁜 눈이 있네…"라는 식으로요. 이야기를 통해 엄마의 사랑도 전할 수 있습니다.

○ '잘 자, 애들아' 놀이

아이의 신체 각 부분에게 "잘 자, 머리야. 잘 자 눈아. 잘 자 귀야. 잘 자 코야" 하고 인사를 하는 것입니다. 이때 아이와 함께 누워서 머리부터 가볍게 접촉하면서 인사를 하면 좋습니다. 이 놀이는 잠자기 전에 항상 해보는 것이 도움이 됩니다.

○ 등에 글씨 쓰고 맞히기

아이를 엎드리게 하고 엄마가 아이의 등에 숫자나 글씨를 쓰면 아이가 맞히는 것입니다. 반대로 아이가 엄마 등에 숫자나 글씨를 쓰고 엄마가 맞힐 수도 있겠지요. 이 놀이는 등 대신 서로의 손바닥을 사용해서 할 수도 있습니다.

○ 옷 속에 작은 공 숨겨놓고 찾기

엄마 옷 속에 말랑한 작은 공을 숨겨놓고 아이에게 찾도록 해보세요. 그다음에는 아이의 옷 속에 공을 숨기고 엄마가 찾아보세요. 이런 간단한 놀이를 통해 아이와 엄마는 자연스럽게 스킨십을 할 수 있습니다.

이때 아이를 너무 재미있게 만들어서 흥분시켜선 안 됩니다. 아이가 초롱초롱한 눈빛을 보내면서 엄마와 더 놀고 싶다고 조르게 될 수 있으니까요. 항상 우리는 15분 안에 아이와 좋은 상호작용을 끝내야 합니다.

옛이야기 들려주기

옛이야기에는
어떤 힘이 있을까?

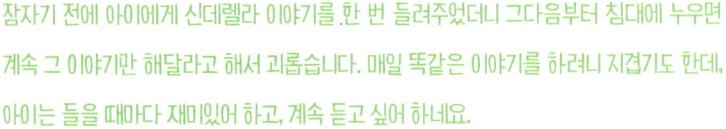

잠자기 전에 아이에게 신데렐라 이야기를 한 번 들려주었더니 그다음부터 침대에 누우면 계속 그 이야기만 해달라고 해서 괴롭습니다. 매일 똑같은 이야기를 하려니 지겹기도 한데, 아이는 들을 때마다 재미있어 하고, 계속 듣고 싶어 하네요.

놀이치료실에서 상담을 하는데 치료실에 놓여 있는 백설공주, 신데렐라 등의 작은 인형을 보고 "선생님! 이게 뭐예요?" 하고 묻는 6세 여자아이가 있었습니다. 일반적으로 그 연령이 되면 "나 이거 알아요. 이건 백설공주, 이건 오로라공주" 하고 줄줄 이야기하기 마련인데, 그 아이는 정말 하나도 몰라서 그 이유가 궁금했지요.

아이와의 상담이 끝난 뒤 어머니에게 혹시 아이에게 옛이야기를 들려주지 않냐고 물었더니 "다른 동화는 많이 들려주는데, 공주 이야기들은 안 들려줬어요. 내용에 다 계모가 나오고, 주체적으로 삶을 사는 것이 아니라 모두 왕자 만나서 결혼하잖아요. 그래서 딸아이에게 도움이 안 될 것 같아서요"라고 하시더군요. 언뜻 들어보면 꽤 논리적이고 수긍이 가는 말이지요.

그러나 옛이야기를 논리와 지식으로 이해하려고 하면 아주 중요한 것을 놓치게 됩니다. 이 어머니가 놓친 것이 무엇인지 한번 살펴볼까요?

천사 엄마 vs 마녀 엄마

옛이야기에는 항상 두 엄마가 등장합니다. 친엄마와 새엄마지요. 이때 친엄마는 하늘에서 내려온 천사처럼 착하고 현명하고 예쁘기까지 합니다. 그러나 안타깝게도 이런 친엄마는 모두 딸을 낳고 일찍 죽어버립니다. 그때 새엄마가 등장하는데, 새엄마는 정말 악독하기 그지없습니다. 심지어는 마녀이기까지 합니다.

우리 옛이야기에 등장하는 팥쥐 엄마, 장화홍련전에 나오는 새엄마, 뺑덕어멈 등도 한번 떠올려보세요. 사악할 뿐만 아니라 너무나도 못생긴 외모를 가지고 있습니다.

참 이상하지요? 여기까지만 봐서는 이런 옛이야기는 아이에게 들려줘서는 안 될 듯합니다. 이런 이야기를 자꾸 들으면 아이가 새엄마는 항상 나쁘다는 오해를 하게 될 것도 같고, 인간에 대한 편견이 생길까 봐 걱정이 되기도 하지요.

그러나 이런 옛이야기에는 어머니들이 미처 생각하지 못하는 깊은 심리적 의미가 담겨 있습니다. 영아기의 아이들 세계에는 뭐든지 다 들어주고, 조금만 걸어도 박수쳐주고, 자신이 하는 모든 것에 감격하고 기뻐해주는 천사 같은 엄마만이 존재합니다. 배가 고파서 울면 엄마는 금방 알아채고 맛있는 음식을 먹여주기도 하지요.

그런데 시간이 지나면서 이 곱디고운 엄마가 못나 보이기 시작합니다. 세상에 그 고운 얼굴로 화를 내고, 나를 혼내기도 하니까요. 아이 눈에는 이런 엄마가 무서운 마녀처럼 보이기도 하겠지요.

인간이라면 겪게 되는 이런 심리적 갈등들이 은유적으로 표현되어 있는 것이 바로 이런 옛이야기입니다. 아이들은 이런 이야기를 들으면서 '나만 이렇게 엄마가 좋기도 하고, 싫기도 하고, 무섭기도 한 것이 아니구나' 하고 안심하게 됩니다.

왕자의 모험 vs 공주의 결혼

옛이야기에서 늘 반복되는 중요한 주제가 있습니다. 왕자나 남자아이들은 모험을 떠나고, 공주나 여자아이들은 왕자를 만나 결혼을 하고 오래오래 행복하게 사는 것입니다. 심지어 반쪽이로 태어났지만 모험을 떠난 후 건장한 청년으로 성장하고 예쁜 공주까지 만나서 집으로 데려오는《반쪽이》설화도 있습니다.

대부분의 공주 이야기는 그 마지막이 "왕자를 만나 결혼해서 행복하게 살았어요"로 끝이 납니다. 여성의 주체적인 삶이 중요한 21세기에 이게 웬 말입니까. 결혼이 행복의 끝이 아닌데 말이지요. 그래서 상담실에서 만난 몇몇 어머니들은 "내 딸은 좀 더 주체적인 삶을 살았으면 해서 이런 동화는 안 읽어줬어요"라고 말했습니다.

그러나 여기에도 아주 중요한 의미가 담겨 있답니다. 부모의 품을 떠나 모험을 하는 동화 속 남자아이들은 독립된 삶을 향해 나아가는 것이고 거기서 공주를 만나 온전한 성인으로 성장하게 되는 것입니다. 여자아이들 역시 부모를 떠나 한 단계 성숙한 심리적 성장을 이룬다는 것을 결혼이라는 상징으로 표현한 것이고요. 만일 이런 과업을 잘 이루지 못했을 때 모두가 위기에 빠지는데 이러한 내용은 《미녀와 야수》의 이야기 속에 잘 나타나 있습니다.

미녀는 야수와 사랑에 빠지지만 아버지에 대한 그리움 때문에 잠시 집으로 돌아갑니다. 그 틈을 타서 마을 사람들은 야수의 성을 공격하고, 야수는 죽음의 위기에 직면하게 되지요. 이처럼 때가 되어서도 부모에게서 독립하지 못할 때 자신뿐 아니라 주변 사람들 모두에게 위기가 발생하게 됩니다. 그러나 여기에서 끝난다면 옛이야기가 아니지요. 결국 미녀는 야수와의 약속을 지키기 위해 아버지를 떠나 다시 야수에게로 돌아오고 그 진실한 사랑에 야수는 저주에서 벗어나고 왕자로 변하게 됩니다.

동화 속 모험과 결혼은 이렇게 부모를 떠나 온전한 자신으로 독립하고 심리적으로 성숙하는 모습을 상징적으로 표현한 것입니다.

⭐ 독립심이 자라납니다

　옛이야기 속 아이들은 악독한 새엄마에게 실컷 당하고 울기만 하는 모습으로 그려지지 않습니다. 새엄마에게 쫓겨나거나 죽음 직전까지 가기도 하지만 절대 그런 고난에 굴하지 않지요.

　《헨젤과 그레텔》을 한번 생각해볼까요? 이 남매의 새엄마는 너무 가난해서 먹을 것이 없자 결국 아이들을 숲속에 버리기로 합니다. 이렇게 집으로 돌아오는 길을 잃어버린 굶주린 남매의 눈앞에 과자로 만든 집이 나타나지요. 너무 배가 고팠던 남매는 허겁지겁 과자 집을 뜯어 먹지만, 집 주인 노파는 오히려 아이들을 친절하게 맞아줍니다. 그러나 알고 보니 이 노파는 아이들을 잡아먹는 마녀였지요. 이 사실을 알아챈 남매는 지혜를 발휘해서 마녀를 물리치고 노파의 집에 있던 보물들을 가지고 집으로 돌아옵니다.

　자, 이 이야기가 담고 있는 상징적인 메시지는 무엇일까요? 아이들은 이 이야기를 들으면서 어떤 마음을 품게 될까요? 이 이야기는 부모로부터 독립해서도 자신의 길을 잘 찾아가는 아이들의 모습을 그리고 있습니다. 마녀가 자신의 과자 집을 아이들이 뜯어 먹어도 아주 친절하게 대해준 것처럼 아이들은 자신이 아무리 의존하고 못살게 굴어도 끝까지 자신을 받아주는 엄마를 원합니다. 하지만 이 이야기는 결국 그런 엄마는 없다는 것을 알려주지요. 그 노파는 사실 마녀여서 아이들을 잡아먹으려고 잠깐 봐주었다는 반전 드라마를 보면서 아이들은 엄마가 그 이야기 속 노파처럼 자신의 모든 것을 다 받아주지만은 않는다는, 현실과 너무 닮아 있는 상황에 몰입하게 됩니다.

그러나 또 반전이 남아 있지요. 남매는 마녀에게 잡아먹히지 않고 오히려 지혜로 마녀를 물리쳤을 뿐 아니라 보물까지 차지하게 됩니다. 아이들은 이 이야기를 들으면서 결국 부모로부터 독립해서 자신의 길을 잘 갈 수 있겠다는 것을 무의식적으로 느끼게 됩니다.

악을 선으로 이겨낼 수 있다는 사실을 알게 됩니다

옛이야기에 등장하는 모든 인물들은 선과 악의 특징을 분명하게 가지고 있습니다. 대부분 선한 사람이 주인공이고 새엄마, 의붓형제들은 사악하기 그지없습니다. 《신데렐라》, 《콩쥐팥쥐》, 《잠자는 숲속의 미녀》 등의 내용을 한번 떠올려보세요.

《신데렐라》에서 새엄마와 의붓 언니들은 신데렐라에게 궂은 집안일을 다 시키지요. 특히 새엄마는 무도회에 가지 못하게 하려고 말도 안 되는 과제를 던져줍니다. 콩쥐도 사정이 다르지 않습니다. 계모가 힘든 집안일은 모두 콩쥐에게 시키는데, 특히 나라의 잔치에 못 가게 하려고 많은 콩 속에서 썩은 콩을 골라내라는 등 어려운 과제를 던져줍니다.

하지만 이 옛이야기의 주인공들은 절대 꾀를 부리지 않습니다.

그저 묵묵히 주어진 일을 열심히 할 뿐이지요. 때로는 너무 황망해서 울기도 하지만 악한 마음을 품고 복수를 꿈꾸지 않습니다. 그저 성실하게 자신의 일에 최선을 다할 뿐입니다. 그랬더니 요정이 나타나기도 하고, 두꺼비, 개미 등이 나타나서 불가능한 일을 가능한 일로 바꾸어놓습니다. 결국 악을 악으로 갚지 않고 선으로 이겨냈을 때 더 귀한 것을 얻을 수 있다는 사실을 알게 되는 것입니다.

자, 어떠세요. 일리가 있나요? 아마 그동안 옛이야기를 많이 들어왔고, 또 아이들에게 많이 들려주었지만, 그 이야기 속에 이런 깊은 철학적인 의미가 있을 거라고는 생각지 못했을 것입니다. 바로 여기에 옛이야기가 가진 커다란 힘이 있습니다.

삶의 가치가 은유적으로 전달됩니다

부모들은 아이에게 좋은 가치관을 심어주기 위해 애씁니다. 그래서 "착한 사람이 되어야 한다", "남이 너에게 나쁜 짓을 한다고 그대로 복수해서는 안 된다" 같은 말을 자꾸 하게 되지요. 그런데 이런 말들을 일장 연설로 늘어놓을 때 아이들의 반응은 어떤가요? 두 눈을 반짝반짝 빛내면서 경청하나요? 아이가 "알아요" 하고 대답하면 그나마 다행입니다. 이런 말들을 몇 번 반복하다 보면 '아, 또 시작이네. 안다니까', '언제 엄마 이야기가 끝날까?' 하는 아이의 마음이 지루해하는 눈빛을 통해 전달됩니다.

꽃노래도 몇 번 반복되면 지겨운 법인데, 딱딱하고 도덕적인 이야기는 더더욱 지루할 수밖에 없지요. 그런데 이런 말들을 잠자기 전에 늘어놓는다고 생각해보세요. 귀 기울여 듣지 않고 딴청만 피운다고 아이를 혼내는 시간이 되어버리기 십상입니다.

대신 아이에게 가르쳐주고 싶은 삶의 가치를 옛이야기를 통해 은유적으로 전달해보세요. 너무 드러내놓고 교훈적이지 않은 데다 재미있는 이야기를 통해 자연스럽게 듣게 되니 아이의 마음속 깊이 잘 파고들게 됩니다. 보다 편안하게 잠들 수 있는 것은 덤입니다.

자신의 처지와 비슷한 상황에 위로받게 됩니다

낮 시간에 형제들 때문에 속상했던 아이는 잠자리에서 엄마가 들려주는 《신데렐라》 이야기를 들으면서 '나만 이렇게 형제들 때문에 괴로운 것이 아니구나' 하는 위안을 받습니다.

안데르센의 《공주님과 완두콩》 이야기를 들어보셨나요? 몇 겹의 두툼한 매트리스 아래 아주 작은 완두콩 한 알이 깔려 있을 뿐인데도 공주는 밤새 잠을 설치지요. 이 이야기를 들으면서 아이는 '나만 이렇게 잠자리에서 불편함을 느끼는 것이 아니구나', '나만 이렇게 잠이 안 오는 것이 아니고 이런 공주도 잠이 안 오는구나' 하고 위로받게 됩니다. 만약 잠을 잘 못 자고 까다롭게 군다고 자주 혼이 나는 아이라면 이 이야기를 들으면서 '내가 잘못된 게 아니네. 예쁜 공주도 나처럼 잠자리가 불편해서 힘들어하네'라고 느껴 한결 위안을 받게 될 것입니다.

심리 상담은 보통 일대일로 이루어지지만 때로는 증상이 비슷한 아이들 여럿을 한자리에 모아놓고 집단 상담을 하기도 합니다. 이때 아이들은 자신과 비슷한 처지에 있는 친구들의 모습이나 이야기를 보고 들으면서 '아, 나만 그런 것이 아니구나' 하고 위로받고 힘을 얻습니다. 옛이야기에는 바로 그런 효과가 있는 것이지요.

역경을 이겨내는 마음의 힘이 생겨납니다

아이들은 왕자가 자신이 떨어뜨리고 간 유리구두를 들고 찾아왔을 때 재투성이 모습 그대로 나가는 신데렐라 이야기를 들으면서 당당한 자신의 모습을 꿈꾸게 됩니다. 또 몸이 반쪽만 있는 채로 태어났지만 모험을 떠나서 여러 고비를 넘긴 후 멋진 어른으로 성장하고, 이기심 때문에 저주를 받아 야수나 개구리가 되었지만 진정한 사랑을 깨달은 다음 멋진 왕자로 변하는 옛이야기 속 주인공들의 모습을 보면서 지금 자신이 겪고 있는 어려움과 슬픔이 언젠가는 끝나리라 기대하게 됩니다. 자신도 지금은 개구리나 야수 같은 상황에 놓여 있지만 언젠가는 훌륭하고 멋진 사람이 될 거라는 희망을 갖는 것입니다.

헤라클레스가 지혜를 발휘해서 어려운 과제를 해결해나가는 모습을 보면서, 지혜로 위기의 순간을 헤쳐나가는 많은 이야기 속 주인공들을 보면서 '아~ 지혜가 있으면 살아남을 수 있구나' 하고 뼛속 깊이 느끼게 됩니다. 욕심쟁이 소금장수가 바다 한가운데 배를 띄워놓고 그 위에서 소금을 만들어주는 맷돌을 돌리다가 그만 그 무게를 견디지 못하고 바다에 빠져 죽었다는 우리 선조들의 민담을 들으면서 욕심이 과할 때 얼마나 큰 손해를 보게 되는지도 배우게 됩니다.

이런 이야기들을 계속 들으면서 아이들은 지금 겪고 있는 어려움과 슬픔은 극복할 수 있고, 그 결과 좀 더 건강하고 훌륭한 사람으로 성장할 수 있겠다는 확신을 갖게 되지요. 이렇게 옛이야기로 위안과 희망을 얻게 되면 낮 시간의 힘들었던 경험들이 조금씩 치료가 되는 멋진 효과도 기대해볼 수 있습니다. 또한 이렇게 마음의 힘이 쌓이면서 아이들이 좀 더 유연한 성품으로 자라게 되는 것은 옛이야기가 주는 더 큰 혜택입니다.

상처가 치유되는 경험을 하게 됩니다

옛이야기 속 주인공들은 절대 순탄한 삶을 살지 않습니다. 버림받고 배신당하고 미움받고, 요즘 말로 금수저로 태어나고도 흙수저로 살아가는 경우가 허다합니다. 지독한 가난과 어려움 속에서 고군분투하지만, 결국 그 모든 역경을 잘 헤쳐나가는 주인공을 보면서 아이들은 위로를 넘어서 자신의 상처가 치유되는 느낌을 받게 됩니다. 그래서 어떤 아이들은 지금 자신의 상황과 비슷한 옛이야기를 매일 밤 들려달라고 조르기도 합니다.

대인관계 속에서 어려움을 겪는 아이들은 언젠가 백조로 예쁘게 성장해 있을 자신의 모습을 상상하면서 지금의 상황을 견뎌냅니다. 엄마가 동생만 예뻐하는 것 같아 질투심에 몸살이 나는 아이도 밤새 서로의 볏짚을 형제의 집 앞에 가져다놓는 《의좋은 형제》 이야기를 통해 내일은 동생에게 더 잘해주고 싶다는 따뜻한 마음을 갖게 되지요.

사실 이런 옛이야기들은 하루아침에 만들어진 것이 아닙니다. 아주 오랜 옛날부터 구전되어 내려오다 보니 그 속에 온 인류의 지혜와 진리가 켜켜이 쌓여 있습니다. 그래서 많은 이야기들이 시대와 문화를 초월하여 전승되고 있는 것입니다. 그 옛날 유럽에는 신데렐라가, 한국에는 콩쥐팥쥐 이야기가 있었다는 것이 신기하지 않습니까?

이런 오랜 인류의 지혜가 담긴 옛이야기들을 아이들에게 잠자기 전 15분 동안 들려준다면 아이들은 자신만의 왕국에 이런 지혜를 잘 담아놓고 성장하게 될 것입니다.

잠자리 옛이야기의 효과를 높이는 몇 가지 요령

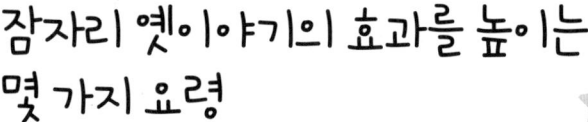

    그렇다면 어떤 옛이야기를 들려주는 것이 좋을까요? 가장 좋은 것은 아이 스스로 선택하게 하는 것입니다. 잠옷으로 갈아입고 이 닦고 세수하고 난 다음, 잠자리에 눕기 전에 "오늘은 무슨 이야기를 들려줄까?" 하고 물어서 아이가 선택하는 이야기를 들려주세요.

  '오늘은 아이가 동생과 너무 싸웠으니까 《의좋은 형제》를 들려줘야겠다' 하는 식으로 너무 의도적으로 이야기를 선택하지 않아도 됩니다. 아이들은 부모의 마음을 기가 막히게 알아차립니다. 아이가 엄마의 의도를 눈치 채는 순간 옛이야기는 더 이상 은유의 힘을 잃고 그저 그런 잔소리가 되어버립니다. 무의식에 깊은 영향을 줄 수 있는 기회를 날려버리게 되는 것이지요.

이렇게 아이가 스스로 선택하게 하려면 평상시에 옛이야기를 많이 알고 있어야겠지요. 따라서 낮 시간에 틈틈이 책을 읽어주거나 이야기를 많이 해주는 것이 좋습니다. 그러려면 먼저 부모가 옛이야기, 각국의 민담과 설화가 갖는 심리적 가치를 잘 이해하고 이에 관심을 갖는 것이 중요합니다.

다양한 이야기를 알고 있다고 해도 이를 아이에게 잘 전달하지 못한다면 무용지물이겠지요? 잠자기 전 아이에게 옛이야기를 들려줄 때 그 효과를 높일 수 있는 몇 가지 요령이 있습니다.

잠자기 전 무서운 옛이야기는 금물입니다

《해와 달이 된 오누이》는 엄마로부터 심리적으로 분리되는 과정을 은유적으로 다루고 있는 설화입니다. 호랑이가 엄마를 잡아먹은 후 아이들까지 잡아먹으려고 엄마로 변장을 하고는 아이들을 찾아오지요. 이런 이야기를 잠자기 전에 들려줄 때는 아이의 상태를 잘 살펴보아야 합니다.

자려고 눈을 감으면 엄마가 보이지 않아 아이들은 불안을 느낍니다. 이렇게 엄마와 분리되는 것을 유독 힘들어하는 아이들이 있습니다. 가뜩이나 엄마와 분리되는 것이 어려워서 엄마의 머리카락이나 귀, 배 등을 만지면서 자는 아이에게 이런 이야기는 다소 위협적으로 들릴 수 있겠지요.

이런 아이에게는 무서운 이야기를 주로 낮 시간에 많이 들려주어 아이가 충분히 소화시킬 수 있는 시간을 주는 것이 더 바람직합니다. 이렇게 낮 시간에 이미 접한 무서운 이야기를 잠들기 전에 다시 들려달라고 할 때는 해주어도 됩니다. 이것은 그 이야기의 은유적인 메시지를 나름대로 자신의 정신세계 속으로 통합해 넣고자 하는 시도일 수 있기 때문입니다.

마무리를 교훈적으로 정리하지 마세요

잠자기 전 15분 동안 이야기를 들려주고 난 다음 "그러니까 너도 ○○○ 해야 해", "그러니까 너는 아무리 애들이 못살게 굴어도 참아야 복을 받는 거야" 같이 교훈을 정리해서 말해줄 필요는 없습니다. 이렇게 하면 오히려 옛이야기가 갖는 치유의 힘을 반감시키게 됩니다.

옛이야기에는 한 가지 정형화된 의미만 있는 것이 아닙니다. 아이들은 그때그때 자신에게 다가오는 대목에서 심리적인 의미를 찾게 됩니다. 즉, '신데렐라 이야기는 꼭 이런 의미를 가진다'라는 천편일률적인 교훈을 찾을 수 없다는 것입니다.

아이들은 정말 기가 막히게 자신에게 필요한 내용을 골라내서 마음속에 담아두는 능력이 있습니다. 아이들은 똑같은 이야기를 계속해서 해달라고 조르고 조릅니다. 어른들의 입장에서 보면 이해가 잘 안 되지요? 아니 뻔한 이야기인데 왜 그 이야기를 듣고 또 듣고 하는 것일까요?

그것은 그날 있었던 일, 지금 겪고 있는 심리적 갈등에 따라 그 이야기 속에서 감명 깊게 받아들이는 장면이 달라지기 때문입니다. 또한 옛이야기가 가지고 있는 은유적인 메시지가 아이의 심리에 작용하기 위해서는 소화시키는 시간이 필요하기 때문이지요.

이때 아이 스스로 다각적인 측면에서 이야기를 소화시키기도 전에 교훈적인 지침을 주게 되면 그 이야기를 통해 더 풍부하게 얻을 수 있는 심리적 위로, 지혜가 줄어들게 됩니다. 그러므로 잠자기 전 15분 동안은 그냥 이야기를 들려주는 것으로도 충분합니다.

이야기를 활용해 간단한 대화를 나눠보세요

옛이야기를 들려주면서 중간 중간 아이의 생각을 들어보세요. 예를 들어 "어쩌나, 이 많은 콩 중에서 썩은 콩을 골라내야 한대. 콩쥐는 이걸 어떻게 할까?" 하고 묻는 것입니다. 만일 아이가 여러 번 들었던 이야기라면 "새들이 와서 도와줄 거야" 하고 말할 수 있겠지요. 그러면 "그래, 어디 보자. 그렇네, 진짜 새들이 와서 도와주네" 하고 말하면서 다음 이야기로 넘어갑니다. 이 과정을 통해 아이는 생각하는 힘을 갖게 되고 엄마와 즐겁게 교류하는 기쁨을 느끼게 됩니다.

옛이야기를 짧게 들려준 뒤에 만약 시간이 조금 남는다면 아이의 감정과 마음에 대해 대화를 나눠볼 수 있습니다. "그래서 넌 뭘 느꼈어?" 하고 교훈을 이끌어내는 질문이나 "그러니까 얘는 착한 애야, 나쁜 애야?" 식으로 예, 아니오의 답을 묻는 질문보다는 "세상에, 이때 콩쥐 마음이 어땠을까?" 하고 좀 더 구체적으로 그 내용에 대한 아이의 감정을 묻는 것입니다.

답이 정해진 질문은 아이의 사고를 제한할 수 있습니다. 그보다 아이가 마음껏 상상해서 이야기하고 자신의 느낌을 편안하게 말할 수 있도록 만드는 간단한 질문으로 아이의 심리적 성장을 더욱 촉진시킬 수 있습니다. 창의성이 발달하는 것은 덤입니다.

지금 아이의 상황과 비슷한 이야기를 들려주세요

심리학자 브루노 베텔하임은 《옛이야기의 매력》이라는 책에서 옛이야기가 가지고 있는 심리적 은유를 재미있게 해석해놓았습니다.

《어부와 지니》라는 옛이야기를 알고 계신가요? 어느 날 어부가 던진 그물에 호리병이 걸려서 물 밖으로 나오게 되었습니다. 어부가 무심코 호리병을 열자 그 안에서 지니가 나왔습니다. 어부는 지니가 자신에게 큰 복을 가져다줄 거라고 생각하지만 뜻밖에도 지니는 어부를 죽이겠다고 말하지요.

어부가 그 이유를 물으니, 처음 바닷물 속에 빠졌을 때에는 자신을 구해주는 사람에게 큰 복을 내리겠다고 결심했지만 100년이 지나도 아무도 구해주지 않았고, 그다음 100년 동안은 자신을 구해주는 사람을 큰 부자로 만들어주겠노라고 결심했지만 역시 아무도 자신을 구해주지 않았다는 것입니다. 기다리다 지치고 너무 화가 나서 이제 자신을 구해주는 사람을 죽여버려야겠다고 결심한 순간 어부가 자신을 구해주었다는 것입니다.

참 황당한 내용이지요? 그러나 베텔하임은 이 이야기가 부모와 분리, 재결합 시에 안정된 애착을 형성하지 못한 아이들이 느낄 수 있는 심리를 그대로 묘사하고 있다고 설명했습니다.

처음 엄마와 분리된 아이는 기다리는 엄마가 제시간에 오지 않으면 '엄마가 오기만 하면 난 엄마가 원하는 건 다 해줄 거야' 하고 생각합니다. 그런데 자신이 생각한 시간이 지나고 또 지나다 보면 엄마를 기다리는 간절함이 어느새 화로 변하게 됩니다. 결국 아이는 호리병 속에 갇혀 있었던 지니처럼 엄마를 반기는 대신 모르는 척하거나 화를 내게 되지요.

혹시 낮에 엄마가 외출했다 돌아왔을 때나 저녁에 퇴근해 돌아왔을 때 이런 일로 아이가 화가 났다면 잠자기 전 15분 동안 아이에게 이런 옛이야기를 들려주고 "세상에, 이렇게 기다렸는데 너무 늦게 구해줘서 지니가 엄청 화가 났나봐" 하고 이야기해보세요. 표현을 잘하는 아이라면 이때 "나도 오늘 엄마가 너무 늦게 와서 화가 났어" 하고 말할 수도 있습니다. 그러면 "세상에, 지니만큼 이렇게 엄청 기다리다가 화가 나버렸구나, 미안해라", "엄마가 늦게 온 게 그 정도로 화나는 일이었구나. 엄마가 그걸 몰랐네" 등과 같이 아이의 마음을 공감해주고 위로해주세요.

그러나 대부분의 아이들은 이렇게 표현하지 않는 경우가 많습니다. 그냥 듣기만 할 수도 있습니다. 하나 그것만으로도 괜찮습니다. 옛이야기의 강점은 말로 설명하지 않아도 아이들의 무의식 속에 깊게 파고 들어가 아이의 내면을 위로하는 독특한 작용을 한다는 것입니다. 엄마가 옛이야기를 들려주는 그 자체만으로도 아이들의 마음은 따뜻하게 위로받을 수 있게 됩니다.

아이의 심리 성장을 돕는 옛이야기들

• 엄마와의 건강한 심리적 분리를 연습시키는 이야기
대부분의 옛이야기들이 부모로부터 건강하게 독립하여 성장하는 내용을 담고 있습니다. 친엄마와 일찍 헤어지고 새엄마를 맞이하거나, 멀리 모험을 떠나는 등의 내용을 담고 있는 옛이야기라면 모두 도움이 될 수 있습니다. 예를 들어 《어부와 지니》, 《반쪽이》, 《엄지공주》, 《헨젤과 그레텔》, 《백설공주》, 《장화홍련》, 《신데렐라》, 《미녀와 야수》 등 너무나도 많은 옛이야기들이 이런 내용을 담고 있습니다.

• 묵묵히 노력해야 한다는 가치를 알려주는 이야기
옛이야기 속 주인공들의 삶은 절대 순탄하지 않지요. 수없이 많은 어려움과 고난을 겪습니다. 그러나 주인공들은 특유의 끈기와 성실함으로 묵묵하게 그날그날의 일에 최선을 다합니다. 《헤라클레스》, 《이솝우화》, 《토끼와 거북이》, 《돼지 삼형제》 등이 그렇습니다.

• 지혜를 발휘해서 역경을 이겨나가는 이야기
아이들은 낮 시간에 어려운 문제에 부딪쳤을 때 이를 어떻게 해결해야 할지 몰라 당황하고 긴장하게 됩니다. 자기 마음대로 되지 않는 현실에 좌절하고, 겁을 먹기도 하지요. 이런 경우, 잠자기 전 15분 동안 힘은 약하지만 지혜로 문제를 해결하는 내용의 옛이야기를 들려주면 도움이 됩니다. 《토끼의 간》, 《사람으로 둔갑한 쥐》와 같은 우리 옛이야기나 《신드바드의 모험》, 《그리스 로마 신화》 같은 이야기가 이런 주제를 다루고 있습니다.

이야기 나누기

잠자리에서 나누는
짧지만 진한 대화의 기술

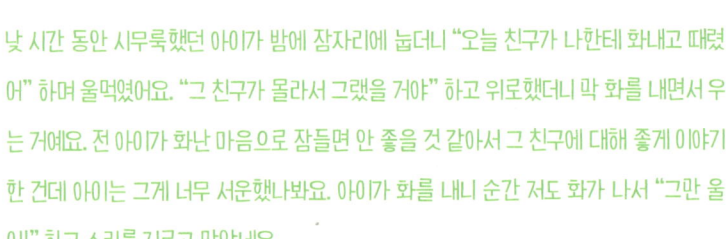

낮 시간 동안 시무룩했던 아이가 밤에 잠자리에 눕더니 "오늘 친구가 나한테 화내고 때렸어" 하며 울먹였어요. "그 친구가 몰라서 그랬을 거야" 하고 위로했더니 막 화를 내면서 우는 거예요. 전 아이가 화난 마음으로 잠들면 안 좋을 것 같아서 그 친구에 대해 좋게 이야기한 건데 아이는 그게 너무 서운했나봐요. 아이가 화를 내니 순간 저도 화가 나서 "그만 울어!" 하고 소리를 지르고 말았네요.

"말 한마디에 천 냥 빚을 갚는다"는 옛 속담처럼 인간관계에서 대화가 차지하는 비중은 매우 높습니다. 특히 부모와 자녀 사이의 대화는 자녀의 안정된 정서 발달과 행복감을 키우는 데 중요한 역할을 하는 것으로 알려져 있지요. 그러나 아이가 어릴 때에는 아직 언어 발달이 충분히 되지 않아서 대화하기가 쉽지 않고, 초등학교에 들어가면 공부 이야기만 하다가 시간이 다 가서 대화다운 대화를 하지 못합니다. 밤에라도 아이와 이야기를 해보려고 시도하지만 평소에 대화를 잘 나눠보지 않은 경우, 대화를 어떻게 끌고 가야 하는지 몰라 막막해집니다.

특히 밤 시간에는 아이들이 낮 동안 말로 표현하지 않았던 내면 깊숙한 곳의 이야기를 문득 꺼내기도 하는데, 이때 부모가 교훈이나 설교 위주의 말을 꺼내면 아이는 "엄마랑 말 안 해" 하고 시무룩해집니다.

우리의 원칙 15분을 넘기지 않으면서 잠자기 전에 아이와 좋은 대화를 나눌 수 있는 방법은 없을까요?

따뜻한 마음을 준비하세요

상담을 할 때마다 똑같은 원칙을 알려드려도 "선생님, 알려주신 대로 했더니 아이가 부드러워졌어요", "마음 읽기가 무슨 마법 같아요. 아이가 말을 잘 들어서 혼낼 일이 많이 줄었어요"라고 말하는 분이 있는가 하면, "선생님, 알려주신 대로 했지만 아이는 똑같아요. 별로 효과가 없는데요"라고 하면서 '이 사람 진짜 전문가 맞나? 내가 믿어도 되나?'라는 의혹의 눈길을 보내는 분도 있습니다.

사실 인간을 대하는 방법에 대단한 비법이 있는 것은 아닙니다. 특히 자녀를 양육하고 훈육할 때에는 '경청하고, 이해하고, 그것을 아이에게 맞춰서 표현해주고, 안 되는 것은 잘 가르쳐서 조절을 연습'시키는 가장 기본적인 원칙을 잘 이해하고 적용하면 됩니다. 하지만 이런 원칙을 기계가 아니라 인간에게 적용하는 것이다 보니 그 밑바탕에 따뜻한 마음이 없으면 부모의 진심은 허공에 흩어지게 됩니다. 즉, 그 원칙이 아무런 의미가 없게 되는 것이지요.

아이들과 대화를 할 때는 전문가들이 이야기하는 기법만 흉내 내려 하지 말고 진짜 마음을 나누는 태도가 중요합니다. 속으로는 화가 나서 온몸으로 차가운 기운을 내뿜으면서 말로만 "네가 ○○○ 했구나" 하고 이해해주는 척하는 것은 좋은 대화가 아니겠지요. 이런 태도는 말보다 더 빨리 아이에게 전달되어 아이에게 '엄마의 말은 믿을 수 없다'는 마음을 갖게 만듭니다.

5분만 아이의 말을 들어보세요

부모의 마음이 분주하거나 아이의 행동을 빨리 고쳐야 한다는 사명감에 불타오르면 공감은 저 멀리 달아나버립니다. 아이의 마음을 이해하려면 항상 아이보다 한 발짝 뒤에서 움직여야 합니다. 그렇게 할 수 있는 비법이 있습니다. 5분만 생각과 판단을 내려놓고 아이의 말을 들어보세요.

특히 엄마는 자신의 아이에 대해서는 이 세상 누구보다 뛰어난 전문가이기 때문에 자신의 욕심과 사명감을 조금 내려놓고 5분만 아이의 말을 들어보면 아이의 마음을 느낄 수 있습니다. 이때 '뭐 이런 걸 가지고 슬퍼해'라는 식으로 엄마의 판단이 앞서버리면 잠자기 전 15분은 설교와 책망의 시간으로 변하게 됩니다.

눈, 귀, 마음으로 경청하세요

5분 동안 아이의 말을 들을 때는 대화의 기본인 '경청'의 자세를 가져야 합니다. 경청을 하려면 귀만 사용해서는 안 됩니다. '듣다'는 뜻을 가진 한자 '청(聽)' 자는 눈(目) + 귀(耳) + 마음(心)이 합쳐진 글자입니다. 즉, '제대로 듣기' 원한다면 눈과 귀와 마음을 모두 사용해야 한다는 의미입니다.

잠자기 전 15분은 바로 이렇게 온몸으로 아이를 경청할 수 있는 시간입니다. 편안히 누워서 다른 것에 크게 방해받지 않으면서 자신의 이야기를 할 수 있기 때문에 거짓보다는 진실을 이야기할 가

능성이 높습니다. 이야기를 듣는 사람도 움직임이 적다 보니 상대방의 말에 온 마음을 쏟을 수 있습니다.

'마음 읽기'를 적극적으로 활용하세요

이렇게 경청하면 아이의 마음을 잘 이해할 수 있습니다. 이때 아이의 행동과 감정, 생각과 감정을 잘 연결해서 적절한 말로 아이에게 전달해주세요. 이것이 '마음 읽기'를 할 수 있는 비법입니다. "그 친구가 너에게 욕을 한 것(행동)만 생각하면 화(감정)가 나는구나" 등과 같은 '연결 대화'를 활용하는 것입니다.

이를 통해 아이들은 자신도 미처 몰랐던 자신의 감정을 알 수 있게 되고, 자신의 마음을 말로 표현하는 법을 알게 되고, 다른 사람의 감정도 이렇게 표현해줄 수 있게 됩니다. 또한 아이의 감정이 가라앉아서 이성적인 판단을 할 수 있게 되지요.

정답을 제시하려 하지 마세요

잠자기 전 15분 동안은 아이들이 보다 진솔해질 수 있기 때문에 여러 가지 적나라한 이야기들이 나올 수 있습니다. "나 내일 유치원 안 갈 거야" 정도면 그나마 나은데, "엄마는 동생 왜 낳았어? 버렸으면 좋겠어", "죽고 싶어" 등의 과격한 이야기가 나오면 순간 부모는 머릿속이 하얗게 되면서 아이에게 뭐라고 이야기해야 할지 당황하게 됩니다.

그러다 보니 아이의 마음이 느껴지는데도 이 사태를 빨리 마무리하려고 "에이, 그런 말하면 못써. 그럼 나쁜 애야"라고 설득하거나, "어떻게 엄마 앞에서 그런 말을 할 수 있는 거야"라고 책망하거나 설교를 하게 됩니다. 그러면 아이는 더 이상 엄마와 이야기하지 않으려고 할 것입니다.

잠자기 전 15분은 그렇게 긴 시간이 아닙니다. 이 시간의 목적은 아이의 마음을 잘 위로해서 편안한 마음으로 잠자리에 들도록 하는 것입니다. 아이가 숙면을 할 수 있도록 돕고, 부모 자녀 관계를 더욱 돈독하게 하는 것입니다. 그러므로 아이에게 교훈을 주고 싶다면 그건 낮 시간을 이용하기 바랍니다. 잠자리에서는 아이의 상처나 스트레스 받은 마음을 잘 다독거리고 위로해주는 것이 우선입니다.

이 짧고 소중한 시간을 정답 찾기 하는 데 허비하지 말고 "그렇게까지 화가 났단 말이지? 에고야, 이를 어째!" 하고 아이 마음에 공감해주세요. 긴 대화는 잠을 오히려 방해하므로 밤 시간에는 이 정도만으로도 충분합니다.

자야 하는 시간이 가까워오면 엄마 손으로 아이의 머리와 가슴을 만져주면서 "엄마가 머리와 마음을 만져줄게. 내일 일어나면 마음이 나아질 거야. 한숨 푹 자자" 정도로 마무리해도 좋습니다.

있는 그대로의 마음을 전해보세요

잠들기 전에 아이와 대화를 시도하고 싶어도 엄마가 아이에게 화가 나 있거나 아이가 하는 이야기에 전혀 공감이 되지 않을 때에는 아이의 마음이 읽어지지도 않을 뿐더러 마음을 이해했다고 해도 좋은 말로 공감하기 어렵습니다.

이때에는 아이와의 관계를 해치지 않는 범위에서 부모의 마음을 잘 전달해야 합니다. 방법은 간단합니다. 먼저 상황을 있는 그대로 사진 찍듯이 서술하고, 그다음 주어를 '네'가 아닌 '나'로 바꾸고, 있는 그대로의 마음을 전하는 것입니다. 예를 들어볼까요?

1. **상황을 있는 그대로 묘사하세요.**
   "친구가 너를 괴롭혔다는 이야기를 들으니"
2. **주어를 '나'로 해서 표현하세요.**
   "엄마도 속상하네."
3. **이런 엄마의 감정에는 이유가 있겠지요? 간단히 표현하세요.**
   "내 딸(아들)이 힘들었을 생각을 하니 참을 수가 없어."
4. **자! 마지막으로 해결책을 제시해보는 것도 좋습니다.** 단, 지금은 잠자기 전 시간이라는 것을 잊지 마세요. 거창한 해결책보다는 마음을 편안하게 갖도록 돕는 것이 필요합니다.
   "엄마가 어떻게 도와줄까?"

이 정도면 충분할 것입니다. 당장 문제를 해결하지는 못하겠지만 이런 대화를 통해 아이는 엄마로부터 충분히 공감받고 존중받고 있음을 느끼게 됩니다. 그리고 낮 시간 동안 소화시키지 못한 감정의 체증이 내려가는 경험을 하게 됩니다.

대화를 통해 정서지능이 발달합니다

일반적으로 아이의 정서지능은 부모와의 건강한 정서 교류를 통해 발달하게 됩니다. 예전에는 IQ만 중요하게 여겼지만, 이제는 IQ뿐 아니라 정서지능인 EQ가 강조되는 시대에 살고 있습니다. 그래서 21세기의 문맹자는 글을 못 읽는 사람이 아니라 다른 사람의 감정에 공감하지 못하는 사람이라고 말하기도 하지요.

잠자기 전 15분 동안 아이와 마음과 생각을 나누는 것으로 아이의 정서지능이 발달될 수 있습니다.

그렇다면 정서지능이란 무엇일까요? 간단히 그 정의를 알아보도록 하겠습니다. 일반적으로 정서지능은 자기인식, 자기조절, 자기동기화, 감정이입, 대인관계 기술로 나누어 생각해볼 수 있습니다.

현재 자신이 느끼는 감정, 기분 등이 어떤지 알아차리는 능력을 '자기인식'이라고 합니다.

그리고 그 인식된 자기감정을 적절하게 처리하고 변화시킬 수 있는 능력을 '자기조절'이라고 하지요. 예를 들어 기분이 별로 좋지 않을 때 그 기분에서 빨리 벗어날 수 있도록 조절하는 능력을 말합니다. 이 능력이 부족한 사람은 끊임없이 절망감에 빠지지만, 이 능력이 뛰어난 사람은 인생의 역경을 더 빨리 극복할 수 있습니다.

'자기동기화'는 어려움을 견디고 자신의 성취를 위해 노력할 수 있는 능력입니다. 만족의 시기가 늦어도 인내할 수 있는 낙관적인 성향이 여기에 포함됩니다.

보통 정서지능을 다른 사람의 감정에 얼마나 공감하느냐를 기준으로 판단한다고 여기지만 이렇게 먼저 자기의 마음을 아는 것이 우선입니다. 그런 다음 다른 사람이 느끼는 감정을 자신의 것처럼 느끼고 다른 사람의 감정을 읽어내는 능력인 '감정이입'의 단계로 넘어갈 수 있습니다.

이런 단계를 거쳐 다른 사람의 감정을 잘 인식하고 이것에 적절히 대처할 수 있는 능력인 '대인관계 기술'에 이르게 되지요. 적절히 자신의 감정을 잘 개방하여 다른 사람과 친밀한 관계를 형성할 수 있게 되는 것입니다.

정서가 잘 발달된 아이에게는 다음 8가지 특징이 나타납니다.

1. 자신의 정서를 잘 알아차릴 수 있습니다.
2. 자신의 감정과 느낌을 조절할 수 있습니다.
3. 절망적인 상황에서도 의욕을 잃지 않습니다.
4. 만족을 지연시킬 수 있습니다.

5. 걱정 때문에 잘못된 판단을 하는 일이 적어집니다.
6. 학습 능력이 좋습니다.
7. 감정이입을 잘할 수 있습니다.
8. 친구 관계 및 사회적 관계를 잘 형성합니다.

연령별 정서지능 발달 단계

	영아기	유아기	학령기
발달 특징	흥분 상태에서 기본 감정으로 분화	정서 세분화 및 조절	정서 발달 다지기
발달 내용	• 기본 감정 발달 • 타인 감정 분별 가능 (생후 6개월) • 신체 반응으로 표현	• 빈번, 강렬, 일시적 • 자신과 타인의 감정 인식, 이해 • 감정이입, 배려 • 감정 숨기기, 표현하기 • 감정 및 행동 조절 책략 사용하지만 아직 미숙	• 복합 정서 이해 • 타인의 정서에 대한 세련된 이해 • 인과관계 보다 명확히 이해 • 상황에 맞게 정서 조절하여 표현
이렇게 키워라	• 민감성 • 감정 알아주고 표현하기 • 우울증 조심	• 감정 수용, 행동 제한 • 공감하고 설명하기 • 좌절 위로, 성공 격려 • 다양한 놀이 경험 • 잘 받아주고 본보이기	• 경청하기 • 격려하기 • 선택권 주기 • 경험하게 하기
아이가 얻는 열매	• 안정된 애착 • 이후의 안정된 정서 발달의 기초	• 긍정적인 또래 관계 • 행동 조절 가능 • 자신감, 인내심, 융통성	• 친사회성 • 학습능력 증진 • 창의적 사고 • 자신에게 동기부여
쓴 열매	• 불안정 애착 • 불안	• 공격적 행동 • 내면화 문제	• 사회성 문제 • 관계 및 적응 문제

이렇게 정서지능이 높은 아이로 키우기 위해 하루 종일 아이에게만 전념해야 할까요? 집안일로, 직장 일로 바쁜 중에는 그렇게 할 수도 없거니와, 그렇게 해야 한다는 마음의 부담이 오히려 아이와의 관계를 악화시킬 수도 있습니다. 긴 시간보다는 짧지만 진하게 교감하는 것이 중요합니다. 잠자기 전 15분을 잘 활용한다면 아이의 정서지능 발달에 도움을 줄 수 있습니다.

아이의 마음을 잘 읽기 위한 몇 가지 요령

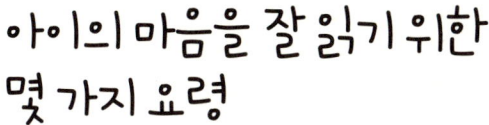

아이와 이야기를 나누다 보면 더 이상 참지 못하고 버럭 화를 내거나 잔소리하듯 훈계하는 일이 생기곤 합니다. 뒤돌아서 후회하지만 이런 상황이 드물지 않게 반복되지요. 다음의 몇 가지 대화 원칙을 지킨다면 조금 더 의연하게 아이의 이야기를 들어줄 수 있을 것입니다.

○ **거짓 예언을 하지 마세요.**
아이 인생 최초의 거짓 예언은 부모로부터 시작됩니다. 아이가 하는 어떤 행동을 한마디로 단정 짓거나 인격적인 것으로 연결해 버리면 아이는 정말 자신이 그런 사람이라고 생각하게 됩니다. 이것은 아이의 한 가지 행동으로 아이의 성격과 더 나아가 인생을 규정짓는 거짓 예언이 됩니다.

아이를 이런 위험에 빠뜨리는 대표적인 표현이 '항상', '이런 식', '커서 뭐가 되려고 이러니', '말도 안 듣고 정말 나쁜 아이야' 등입니다. 이런 단정적인 표현은 아이를 화나게 만들거나, 좌절하게 만듭니다. 아이의 지금 행동은 그저 일부분일 뿐입니다. 그것을 아이의 인격이나 전체 모습으로 확대해서 표현하는 것은 대화를 막는 지름길입니다.

○ 대화에 걸림돌이 되는 말을 피하세요.

어느 누구도 싸우려고 대화를 하지는 않습니다. 그런데 부모가 대화에 걸림돌이 되는 말을 많이 사용할 경우, 아이들은 귀와 입을 닫고 더 나이가 들면 부모와 말싸움을 하게 됩니다. 이것은 어느 누구도 원하는 대화의 결말이 아닐 것입니다.

일반적으로 아이의 말을 듣고는 섣부르게 위로를 건네거나, 길게 훈계하거나, 비난하거나, 해결책을 곧바로 제시하거나, 논리적으로 설득하거나, 과도하게 칭찬하는 말들이 대표적인 대화의 걸림돌에 해당합니다.

◦ **훈육은 간결하게 하세요.**

안 되는 이유를 설명하거나 엄마의 마음을 전할 때 너무 길게 설명하고 설득하면 아이는 더 이상 부모의 말을 듣지 않습니다. 오히려 부모가 대화를 시작하려고 할 때 '으악, 또 시작이다' 하는 마음 때문에 피하게 되겠지요. 간결하게 훈육하는 방법을 꼭 연습하기를 바랍니다.

◦ **무조건 안 된다고 하지 말고 대안을 제시해주세요.**

아이들은 자신이 생각해도 안 되는 것이 당연하다는 걸 알지만 부모가 못 하게 하면 괜히 더 하고 싶은 마음이 듭니다. 이런 심리적인 저항을 좀 더 긍정적인 방향으로 바꾸는 방법이 바로 대안을 주는 것입니다.

"조금 더 놀고 자는 건 안 되지만 누워서 엄마랑 15분 동안 끝말 잇기는 할 수 있어" 등과 같이 아이의 욕구가 건강하게 해결될 수 있는 좋은 대안을 제시해주세요. 이를 통해 아이들의 조절 능력과 문제 해결 능력이 성장하게 됩니다. 부모와 좋은 관계를 맺어가는 것은 당연한 일이고요.

◦ **'왜'보다 '어떻게'로 질문을 바꿔보세요.**

혹시 아이와 이야기를 나누다 보면 아이의 이야기를 좀 더 구체적으로 듣고 싶을 때가 생기지 않나요? 이때 "왜?"라는 말을 너무 많이 사용하면 아이는 자신이 취조당하는 듯한 느낌을 받게 됩니다. 특히 남자아이들은 이렇게 접근하면 대부분 "몰라"로 대화를 끝내버립니다.

이럴 때 좀 더 길게 아이가 자신의 생각과 느낌을 표현할 수 있도록 하려면 "어떻게"로 질문을 바꾸는 것이 도움이 됩니다. "이건 왜 그래?"가 아니라 "이건 어떻게 된 거니?"라고 이야기를 건네면 좀 더 풍부한 대화를 나눌 수 있게 됩니다.

지금까지의 내용은 대화의 5단계로 정리해볼 수 있습니다.

1단계 경청하라.
2단계 공감하라.
3단계 안 되는 것이 있으면 제한하라.
4단계 대안을 주어라.
5단계 협상을 하라.

○ **밤은 소박하게, 낮은 화려하게 보내야 합니다.**

사실 영유아기에 놀이만큼 자연스럽게 아이의 모든 발달을 돕는 방법은 없습니다. 경청하고, 공감하고, 제한하고, 대안을 제시해주고, 협상하는 대화의 5단계 역시 놀이를 통해 자연스럽게 연습할 수 있습니다. 그래서 함께 놀이하는 시간이 많을수록, 아이들이 더욱 정서적으로 편안해지는 것입니다.

그러나 이 좋은 놀이도 잠자기 전에 하게 되면 오히려 아이의 숙면을 방해하게 됩니다. 놀이는 낮 시간에 신나고 재미있게, 화려하게 해주세요. 낮 시간에 놀이를 통해 부모와 좋은 대화를 경험한 아이들은 밤 시간에도 편안하게 부모와 대화할 수 있습니다.

대화를 이끌어내는 잠자기 전 간단한 놀이법

잠자기 전에 자연스럽게 아이와 이야기 나누는 것이 어렵다면 아이와 간단한 놀이를 해보세요. 그러나 항상 이 모든 활동은 15분 안에 마치는 것을 원칙으로 해야 합니다.

◌ 오늘 하루는 어땠나요?

손가락을 펴고 오늘 하루 중 '화났던 일 한 가지'를 이야기하고 엄지를 접습니다. 그다음 '슬펐던 일 한 가지'를 이야기하고 검지를 접습니다. 그다음 '하고 싶었는데 못 했던 일 한 가지'를 이야기하고 중지를 접습니다. 그다음 '즐거웠던 일 한 가지'를 이야기하고 약지를 접습니다. 그다음 '감사했던 일 한 가지'를 이야기하고 새끼손가락을 접습니다.

이렇게 다섯 손가락을 다 접은 후 아이의 손에 뽀뽀를 해주거나 손을 꼭 잡아주고 "오늘 하루 애썼네. 자! 우리 잘 자고 내일 아침에 만나자"라고 말해주세요.

○ 손가락 온도계

아이와 함께 누워서 오늘 있었던 일에 대한 온도를 이야기하면서 하루를 정리해볼 수 있습니다. 가장 낮은 온도는 1도이고, 가장 높은 온도는 10도입니다. 서로 번갈아가면서 질문을 해도 좋습니다. 예를 들면, "오늘 하루 얼마나 재미있었나요?"라고 엄마가 물으면 아이는 다섯 손가락만 펴면서 "5도만큼"이라고 표현할 수 있습니다. 그다음 아이가 "오늘 엄마는 회사에서 얼마나 바빴나요?"라고 질문하면 엄마는 아홉 손가락을 펴면서 "9도만큼"이라고 표현할 수 있습니다.

손가락 온도계 놀이는 아이가 하루 생활과 감정을 잘 정리하는 데 도움이 되고, 엄마, 아빠의 생활도 함께 느껴보고 이해할 수 있도록 도와줍니다.

○ 메가폰 놀이

아이와 함께 키친타월의 빈 심에 스티커를 붙이든지, 그림을 그려서 메가폰을 만들어보세요. 이 활동은 낮 동안 해두는 것이 좋습니다. 잠자기 전에 아이와 이야기를 나눌 때 이 메가폰을 엄마 귀에 대고 자신의 이야기를 하도록 하세요. 그리고 엄마도 아이 귀에 메가폰을 대고 이야기해볼 수 있습니다. 이런 매개체가 있으면 아이들은 좀 더 자연스럽고 즐겁게 자신의 이야기를 꺼낼 수 있게 됩니다.

◎ 오늘 내 감정은 몇 점?

아이 옆에 누워서 "오늘 화가 났던 마음은 몇 점이었어?"라고 물어보세요. 이때 최저점은 1점, 최고점은 10점입니다. 최저점을 0점으로 하지 않는 것은 어떤 감정이라도 하나도 없을 수는 없기 때문입니다.

부모가 먼저 모델이 되어주면 더 좋습니다. "오늘 엄마는 옆집 아줌마랑 이야기를 했는데, 너무 재미있었어. 그래서 오늘 엄마는 즐거운 마음이 10점이야"라는 식으로 이야기를 들려주고, "오늘 ○○이는 어땠어?" 하고 물어보세요. 만일 "몰라"라고 대답한다면 좀 더 구체적으로 "오늘 어떤 즐거운 일이 있었어?"라고 묻고, 아이가 대답을 하면 그다음에 "그래서 그 마음은 몇 점이야?" 하고 물으면 됩니다.

이런 간단한 놀이를 통해 아이는 자신의 감정을 좀 더 정확히 알아차릴 수 있게 되고, 이것을 어떻게 말로 표현해야 하는지 알 수 있게 됩니다. 또한 하루 동안 있었던 미처 해결하지 못한 번잡한 감정들을 잠자기 전 15분 동안 정리해볼 수 있어 좀 더 편안하게 잠을 청할 수 있게 됩니다.

◎ 전화기 놀이

장난감 핸드폰이나 집에서 사용하지 않는 핸드폰을 하나씩 들고 아이와 전화로 이야기하는 것입니다. "여보세요. 거기 ○○이네 집이지요? ○○이 있나요?"로 시작해서 "오늘 유치원에서 무슨 놀이가 제일 재미있었나요?" 등과 같이 이야기를 나눌 수 있습니다.

○ 손인형 놀이

엄마가 손인형을 끼고 "안녕, 나는 ○○○야" 하고 인사한 다음 아이에게 "그런데 너는 누구니?" 하면서 대화를 시작해보세요. 유아나 초등 저학년의 경우, 이런 놀이식 대화는 엄마에게 직접 말한다는 부담감을 줄여주어 아이들이 좀 더 편안하게 자신의 마음을 털어놓을 수 있게 만듭니다.

대화가 끝나면 그 손인형을 안고 잠자게 할 수도 있습니다. 집에 손인형이 여러 개 있다면 잠자기 전 아이에게 "오늘은 누구와 이야기할까?"라고 손인형을 스스로 선택하게 할 수도 있습니다.

이야기 만들기

틀에서 벗어나 아이와 더욱 가까워지는 시간

어렸을 때 아버지가 잠자리에서 재미있는 이야기를 해주겠다고 해서 잔뜩 기대하고 들었던 기억이 있습니다. 그런데 그 이야기는 허무하기 짝이 없었습니다.

"옛날 옛날에 어떤 사람이 큰 수박을 사 가지고 집으로 가고 있었어. 언덕을 하나 넘고, 또 넘어서 가다가 그만 수박을 놓쳐버렸지 뭐야. 그래서 그 수박이 언덕 밑으로 데굴데굴 구르고, 또 구르고, 또 굴러가고, 또 굴러가고… 지금도 계속 굴러가고 있대."

다음 날 밤에는 호박이 끝없이 굴러가고, 또 그 다음 날 밤에는 도토리가 끝없이 굴러갔습니다. 며칠 뒤 참다못한 우리 자매들은 "에이, 오늘은 또 뭐가 굴러가요?" 하고는 우리끼리 '사과가 굴러간다'로 이야기를 만들면서 낄낄낄 웃었던 기억이 납니다. 어찌되었건 계속 굴러가고 있을 수박, 호박, 도토리들을 생각하다 보면 어느새 잠이 들곤 했지요. 정말 아무것도 아닌 이야기였지만 지금도 잠자리 이야기라고 하면 어린 시절 아버지가 들려주던 그 허무한 이야기가 생각나곤 합니다.

잠자리에 누운 아이가 "엄마, 이야기해줘"라고 하면 머릿속이 새하얘집니다. 분명 알고 있는 이야기라고 생각하고 시작했는데 신데렐라 이야기 속 생쥐가 무엇으로 변했는지 가물가물하지요. 몇 번 우물쭈물하다 보면 이야기는 재미없게 흘러가기 일쑤입니다. 이럴 때는 아이와 함께 이야기를 만들어볼 수도 있습니다. 말이 안 되는 창작 동화여도 상관없습니다. 다음 몇 가지 부분만 잘 기억하면서 한번 시도해보세요.

작가가 되려는 욕심을 버리세요

한동안 아이들 사이에 '허무 개그'가 유행한 적이 있습니다. 또 한때는 '아재 개그'가 유행하기도 했는데, 이런 이야기들의 공통점은 시작은 창대하지만 그 끝은 미약하다는 것입니다. 처음에는 정말 기대를 가지고 이야기를 듣는데 다 듣고 나면 "에이~ 그게 뭐야…" 하고 헛웃음을 짓게 되지요.

　이런 말도 안 되는 이야기들이 계속 유행하는 데에는 이유가 있습니다. 그 속에 허를 찌르는 즐거움이 있는 것입니다. 똑똑하고 이성적이어야 살아남는 세상에서 서로의 허술함과 빈틈을 공유하다 보면 다소 위안을 받기도 합니다. 이때는 정말 대단한 이야기를 만들려는 욕심을 버리고 그저 낄낄거릴 수 있는 간단한 이야기를 만드는 것이 좋습니다.

　아이들과 이야기를 만들 때도 마찬가지입니다. 작가가 되려는 욕심을 버리세요. 엄마, 아빠와 뭔가 허술한 이야기를 만들고 나누는 과정을 통해 아이들은 한결 가까워지는 느낌을 갖게 됩니다. 또한 틀에서 벗어나 마음껏 이야기를 만드는 과정을 통해 상상력과 창의성이 발달될 수 있습니다. 허술함과 허무함을 기꺼이 즐길 자세만 갖고 있다면 잠자기 전 15분은 아이와 더욱 가까워지는 시간이 될 것입니다.

이야기는 짧고 단순하게 만들어요

　잠자기 전 15분 동안 아이와 상호작용하는 주된 목적은 아이가 편안하게 잠을 청할 수 있도록 돕는 것입니다. 이를 통해 부모와 자녀의 관계는 좋아질 수 있습니다. 그러므로 이야기가 너무 길거나 복잡하면 아이가 이야기에 집중하기 어려워 딴 생각에 빠지게 되고 결국 이야기의 매력이 감소됩니다. 따라서 만약 엄마, 아빠가 만드는 이야기라면 짧고 단순하게 만들어야 합니다.

이야기 속에는 아이의 속마음이 숨어 있습니다

혹시 아이의 이야기 중 매번 반복되는 내용이 있는지 한번 잘 들어보세요. 특히 잠자기 전에 하는 이야기에는 더욱 아이의 마음이 진솔하게 담겨 있을 수 있습니다.

예를 들어, 잠자기 전에 괴물 이야기를 많이 하는 아이는 잠잘 때 꿈에서 괴물을 볼까 봐 무서워서 미리 엄마와 이야기를 만드는 과정을 통해 그 두려움을 극복하려는 것일 수 있습니다. 그럴 때에는 함께 힘을 합쳐 괴물을 물리치는 이야기를 만들어서 아이가 안심하고 잠을 잘 수 있도록 도울 수 있습니다.

만약 똥 이야기, 방귀 이야기를 반복적으로 한다면 지겨워하지 말고 그 더러움을 유머로 받아주세요. 아이들은 나쁜 감정을 똥, 오줌 등과 같은 배설물에 빗대어 표현하기도 합니다. 그래서 똥, 오줌 이야기는 이 세상 모든 아이들에게 매력적인 소재인 것입니다. 이런 표현들을 함께 즐겨주고 "에고, 냄새야…" 하며 같이 괴로워해주는 단순한 놀이를 통해 아이들은 감정이 정화되는 경험을 하게 됩니다.

너무 비극적이거나 슬픈 이야기는 피해주세요

어떤 아이들은 항상 비극적이거나 슬픈 이야기를 만들어서 왜 그런가 하고 알아봤더니 어릴 때 잠자기 전 베갯머리에서 들었던 이야기에 그 원인이 있었습니다. 이 아이들은 주로 가슴 깊이 맺힌 한을 그대로 담은 옛이야기나 무서운 이야기를 듣고 자라났습니다.

옛날에는 무서운 이야기로 아이들을 겁주면서 빨리 잠들기를 종용하곤 했지요. 이런 이야기들은 아이들 꿈의 재료가 되어 무서운 꿈을 꾸게 만들기도 하고, 꾸준히 반복해 들려줄 경우 아이의 기분과 생각에 영향을 미칠 수도 있습니다. 그러므로 잠자기 전에 아이에게 이야기를 만들어 들려줄 때에는 되도록 편안하게 잠을 청할 수 있는 이야기가 더 좋겠습니다.

짧고 단순한 이야기를 만드는 몇 가지 요령

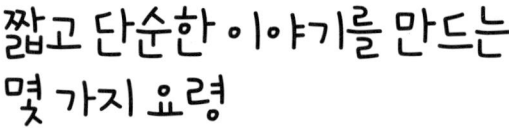

　말주변이 없는 부모들은 아이와 함께 이야기를 만들어보라고 하면 너무 막막해합니다. 앞에서 살펴보았듯이 우선 대단한 이야기를 만들어야 한다는 부담부터 내려놓는다면 한결 가볍게 이야기 만들기를 시도해볼 수 있을 것입니다. 자신이 지어낸 이야기가 유치하고 시시하다고 자신 없어 하지 마세요. 아이에게는 세상 어떤 이야기보다 재미있고 행복해지는 이야기일 수 있습니다. 바로 엄마의 사랑이 곁들여져 있으니까요.

　하지만 그래도 이야기 만들기가 너무 어렵게 느껴진다면 짧고 단순한 이야기를 만드는 다음의 몇 가지 방법들을 활용해볼 수 있습니다.

○ 다섯 손가락 이야기

아이의 손가락을 잡고 엄지부터 접으면서 이야기를 시작합니다. "옛날에 말을 예쁘게 하는 아이와 나쁜 말만 하는 아이가 살고 있었대." 그다음 검지를 접으면서 "어느 날 요정이 할머니로 변해서 도와달라고 했는데, 예쁜 말을 하는 아이는 예쁘게 말하면서 도와주었는데", 그다음 중지를 접으면서 "나쁜 말만 하는 아이는 화를 내면서 도와주지 않았대." 약지를 접으면서 "그러자 예쁜 말을 하는 아이는 말을 할 때마다 그 입에서 예쁜 꽃이 나오고", 새끼손가락을 접으면서 "나쁜 말만 하는 아이는 말을 할 때마다 그 입에서 똥만 나왔대" 하는 식으로 이야기를 만드는 것입니다.

다섯 손가락 안에 이야기가 끝나도록 간략하게 이야기를 들려주세요. 그런 다음 손을 꼭 잡고 "안녕, 잘 자" 하고 인사를 해주세요.

○ 문장 이어가기

한 사람이 먼저 이야기 한 문장을 만듭니다. 그다음 사람이 앞의 이야기에 이어 또 한 문장의 이야기를 만듭니다. 이렇게 이야기를 연결해가는 것입니다.

예를 들어, 엄마가 "옛날 옛날에 코끼리가 살았대"라고 이야기를 시작하면, 그다음은 아이가 "그런데 그 코끼리는 밖에 나가서 놀고 싶었어"라고 이야기를 잇는 것입니다. 이렇게 서로 번갈아 이야기를 이어서 하나의 이야기를 완성해보세요.

함께 짧은 동화 한 편을 만드는 과정에서 엄마와 아이는 한결 친밀해지고, 부모와의 따뜻한 마음의 교류를 통해 아이는 좀 더 편안하게 잠자리에 들 수 있게 됩니다.

○ 손목에서 이마까지의 이야기 여행

엄마가 아이의 손목에서 출발해서 이마까지 약 다섯 뼘 정도로 움직이면서 이야기 여행을 해보세요. '다섯 손가락 이야기' 방법과 동일한데, 한 뼘에 한 문장씩 이야기하는 것입니다. 그리고 마지막 문장에서 아이의 이마에 도착하게 한 다음, 손으로 아이의 눈을 살포시 덮어주면서 "잘 자렴" 하고 인사해주세요. 엄마의 따뜻한 음성과 손길을 느끼면서 아이가 편안하게 잠들게 됩니다.

아이가 이야기를 만들 땐 이런 태도를 가져주세요

오늘 부모님이 이야기를 만들었다면 다음 날에는 아이가 이야기를 만들게 하세요. 아이들은 대부분 말도 안 되는 이야기를 만듭니다. 이때 부모님은 다음과 같은 태도를 가져주세요.

○ **문학평론가가 되어서는 안 됩니다.**

아이의 이야기를 듣고 말이 되네, 안 되네 식의 논평은 절대 금물입니다. 그냥 아이가 이야기를 만드는 것 자체에 목적을 두세요.

○ **이야기가 산으로 갈 때는 주의를 환기시켜주세요.**

'휴지'로 이야기를 시작했는데 '전쟁'으로 이야기가 확산된다면 이때에는 한번쯤 "잠깐, 그러니까 휴지가 어떻게 되었다고?"라고 처음 이야기가 시작된 곳으로 아이의 관심을 전환시켜주세요. 그러면 아이는 "아, 맞다. 그래서…"라고 다시 이야기의 중심을 잡아나가게 됩니다.

○ **아이의 이야기를 한 번씩 정리해주면 좋습니다.**

무슨 이야기를 하는지 도통 알아들을 수 없을 때는 "그러니까 애가 똥을 싸서 토끼가 그걸 밟았다고…"라는 식으로 짧게 핵심을 잘 정리해주세요. 이런 과정을 통해 아이는 좀 더 조리 있게 표현하는 연습을 하게 됩니다.

책 읽어주기

책을 읽어주면 아이에게 어떤 도움이 될까?

아이가 잠들기 전 부모들이 가장 많이 해주는 활동이 아마 책 읽어주기일 것입니다. 아이들의 언어 발달에 도움이 된다고 알려져 있다 보니 잠자기 전뿐 아니라 낮에도 많이 읽어주게 되지요. 어떤 부모들은 아이와 노는 방법을 잘 몰라서 책만 읽어주게 된다고, 너무 많이 읽어주다 보니 목이 쉴 정도라고 말하기도 합니다.

자! 책을 읽어주는 것은 아이에게 어떤 도움이 될까요? 여러 가지 장점이 알려져 있는데, 많은 학자들이 공통적으로 하는 이야기는 다음의 8가지로 정리됩니다.

1. 어휘력이 늘고 지식이 더 많아집니다.
2. 개념이 발달하고 추론적인 이해 능력이 증가하는 등 인지 능력이 발달합니다.
3. 이야기에 대한 감각이 발달합니다.
4. 책을 읽어주는 사람과 정서적인 일치감과 안정감이 형성됩니다.
5. 아이의 자존감이 향상됩니다.
6. 일상생활에서 문제 해결 능력을 키워줍니다.
7. 상상력이 풍부해집니다.
8. 책 읽는 것을 좋아하는 아이로 성장합니다.

어릴 때는 책을 혼자 읽게 하는 것보다 부모가 함께 읽어주는 것이 아이들에게 더 도움이 됩니다. 책 내용도 더 쉽게 이해할 수 있고, 자연스럽게 부모와 스킨십을 하게 되고, 부모의 따뜻한 목소리를 통해 정서가 안정되는 것입니다. 그래서 외국에서는 잠자기 전에 책을 읽어주는 것의 중요성을 강조하고 그 효과에 대한 연구도 계속해서 해오고 있습니다.

몇몇 연구들을 종합해보면, 잠자기 전에 부모가 책을 읽어주면 다음과 같은 효과를 얻을 수 있습니다.

1. 자발적으로 책을 읽으려는 시도가 많아집니다.
2. 부모와 아이가 좀 더 자연스럽게 대화할 수 있게 됩니다.

3. 질문 등을 하면서 이야기에 대한 호기심을 표현하고, 이를 함께 해결하는 과정을 통해 사고력이 발달합니다.
4. 같은 책을 반복해서 읽는 과정을 통해 아이 자신이 이야기의 창작자가 됩니다.

읽을 책은 아이가 스스로 선택하는 것이 좋습니다. 만약 매일 같은 책만 계속 읽어달라고 해도 그 책을 읽어주는 것이 좋습니다. 너무 많이 읽어주어서 아이가 그 내용을 다 숙지하고 있을 때에는 이야기의 클라이맥스에서 잠시 책 읽기를 멈춰보세요. 그리고 "그래서…"라고 잠시 뜸을 들이면 아이가 책 내용을 이야기할 수 있겠지요. 이렇게 책 읽기를 통해 조금씩 아이와 상호작용을 시도해볼 수 있습니다.

책 한 권을 다 읽은 뒤에는 아이의 연령에 맞는 수준의 질문을 해보세요. 3세가 된 아이에게는 "그래서 토끼가 잠을 잤어, 안 잤어?" 등과 같이 간단한 사실을 상기시키는 질문이 적절합니다. 그러나 5세 이상의 아이들의 경우, 전후문맥을 잘 이해하고 이를 어른 수준으로 표현할 수 있기 때문에 좀 더 생각할 수 있는 질문을 하는 것이 좋습니다. 예를 들면, "만약 그때 신데렐라가 도망가지 않았다면 어떻게 되었을까?", "토끼가 잠을 조금만 자고 일어났다면 어떻게 되었을까?" 등과 같이 자신의 생각을 표현할 수 있는 질문을 던져볼 수 있습니다.

이때 조심해야 할 부분은 아이에게 너무 많은 질문을 하지는 말라는 것입니다. 그러면 아이는 앞으로 책 읽는 것이 부담되어 점점 책 읽기를 피하게 될 수 있습니다. 또 15분을 훌쩍 넘기게 되어 아이의 숙면을 방해할 수도 있습니다.

아이들은 늘 "한 권만 더!"라고 외칩니다. 그 요구를 들어주다 보면 취침 시간은 점점 늦어지게 되지요. 아이들이 이렇게 요구할 때에는 분명 이유가 있으니 그 이유를 말로 잘 표현해주세요. "엄마가 나가는 것이 싫구나", "잠이 진짜 자기 싫지", "이 이야기가 너무 재미있구나" 등과 같이 아이가 지금 느끼고 있는 것을 말로 잘 표현

해주면 됩니다. 그리고 "그래도 우리는 오늘 약속한 대로 2권만 읽을 거야. 대신 걱정하지 마. 내일 또 읽을 거니까"라고 말하고 그 약속을 잘 지켜주면 됩니다.

간단한 게임

관계를 증진시키는
기막힌 치료제

    간단한 게임은 긴장을 이완시키고 즐거움을 가져다줍니다. 이 즐거움은 아이를 편안하게 만들고 관계를 증진시킬 수 있는 기가 막힌 치료제입니다. 생각해보세요. 게임은 간단하더라도 절대 혼자 할 수 없지요. 그러니 게임을 하면서 함께 즐거워하는 엄마, 아빠와 좋은 관계를 맺게 되는 것은 당연지사입니다.

    그러나 잠들기 전에 너무 복잡하고 오랫동안 해야 하는 게임이나 지나친 경쟁을 유발하는 게임은 잠드는 시간을 지연시키기 때문에 전혀 도움이 되지 않으니 멀리해야 합니다.

간단히 웃고 즐길 수 있는 게임을 몇 가지 알아보겠습니다.

○ '어떤 것이 더 좋겠어?' 게임

아이에게 말도 안 되는 두 가지 상황을 주고 선택하게 해보세요. 예를 들어 "머리카락이 하나도 없는 게 더 좋겠어, 아니면 이가 하나도 없는 게 더 좋겠어?", "팔과 다리가 바뀌는 게 더 좋겠어, 눈과 입이 바뀌는 게 더 좋겠어?" 등과 같이 정말 듣기만 해도 웃기는 상황을 만들어 아이가 선택하도록 하는 게임을 해볼 수 있습니다.

한 번은 엄마가, 한 번은 아이가 선택하는 상황을 만들어보면 더욱 좋습니다. 한바탕 깔깔 웃고 나면 좀 더 편안히 잠자리에 들 수 있게 될 것입니다.

○ 끝말잇기 게임

끝말잇기는 아이들이 일상생활에서 많이 하는 놀이 중 하나입니다. 이 놀이는 아주 어린아이보다는 5세부터 초등학생 정도까지 활용해볼 수 있습니다. 잠자기 전에 누워서 간단하게 끝말잇기를 하다 보면 잠을 못 자고 뒤척이는 아이들도 편안한 관계 속에서 잠을 청할 수 있게 됩니다.

○ '시장에 가면' 게임

"시장에 가면 자갈치도 있고"라고 아이가 먼저 시작하면 엄마는

"시장에 가면 자갈치도 있고, 새우도 있고" 하고 아이가 이야기한 것에 이어 다른 물건을 덧붙입니다. 그러면 그다음에는 "시장에 가면 자갈치도 있고, 새우도 있고, 고등어도 있고"라고 계속 덧붙이는 게임입니다. 이 간단한 게임은 특히 산만하고 충동적인 아이와 잠자기 전에 해보면 좋습니다.

'어느 손가락?' 게임

우리의 전통 놀이 중 '어느 손가락?' 놀이가 있지요. 아이의 뒷목에 엄마의 손가락 중 하나를 대고 어떤 손가락을 댔는지 아이에게 맞히게 하는 것입니다. 간단한 접촉을 통해 부드러운 상호작용을 할 수 있습니다.

6

아이의 특성을 고려한
잠자기 전 15분

우리는 정말 독특한 특성을 가지고 있는, 이 우주에 단 한 명밖에 없는 특별한 아이를 대하고 있습니다. 잠자기 전 15분 동안 아이를 대할 때 내 아이만의 특징을 잘 고려한다면 좀 더 효과적으로 아이와 상호작용할 수 있습니다.

자녀교육서를 참고해서 아이를 키울 때 쉽게 빠질 수 있는 함정이 있습니다. 왠지 이 책대로 하면 모든 문제가 다 해결될 것 같은 희망에 부풀게 된다는 것입니다.

그러나 그런 희망이 깨지는 데에는 그리 오랜 시간이 걸리지 않습니다. 생각대로 안 되는 현실에 부딪치면서 의문에 휩싸이게 됩니다. '왜 안 되지? 책의 내용이 잘못 되었나? 내가 뭘 잘못하고 있는 건가?' 하는 고민이 생기지요.

무엇이 문제일까요? 저자들이 전문 지식을 가지고 정성스럽게 제시해놓은 책의 내용에 문제가 있는 것일까요? 아니면 어머니들이 책의 내용을 현실에 잘못 적용했기 때문일까요?

사실 양육은 부모의 마음과 아이의 마음이 교류되면서 생생하게 이루어지는 것이기 때문에 책으로만 배워서는 한계가 있습니다. 이와 더불어 책대로 하는데 잘 안 되는 이유 중 하나는 내 아이의 특성을 모르는 채 일반적인 지침을 적용하기 때문입니다.

우리는 정말 독특한 특성을 가지고 있는, 이 우주에 단 한 명밖에 없는 특별한 아이를 키우고 있다는 것을 잊지 말아야 합니다. 물론 모든 아이들에게 일반적으로 적용할 수 있는 양육 지침도 있지만, 어떤 경우에는 각 아이만의 독특한 기질을 잘 이해하지 못하면 답이 나오지 않는 것들도 있답니다.

잠자기 전 15분 동안 아이를 대할 때 내 아이만의 특징을 잘 고려한다면 좀 더 효과적으로 아이와 상호작용할 수 있습니다.

예민하고 까다로운 아이

> 아이가 조그만 소리에도 금방 깨고, 푹 잠든 것 같아서 살그머니 나오면 어떻게 알았는지 바로 깨서 울고, 정말 너무 힘들어요. 어떤 날은 안아주면 안아준다고 울고, 내려놓으면 다시 안아달라고 울고…. 정말 이런 날은 아이가 밉고, 내가 좋은 엄마가 아닌가, 애착이 잘못 형성되어서 이런가 하는 생각에 엄마로서의 자신감이 자꾸 떨어져요.

아이를 키울 때 부모를 가장 난관에 빠트리는 아이들이 있는데, 바로 예민하고 까다로운 아이입니다. 이 아이들은 먹는 것, 자는 것, 옷 입는 것, 변 보는 것, 그 어느 것 하나 수월하게 넘어가지 못하는 경우가 많습니다. 고집을 피우면 도저히 꺾을 수가 없고, 갑자기 울고 나뒹굴면서 감정을 폭발시키니 당황스럽고, 쉽게 달래지지도 않아서 나중에는 화까지 납니다.

어떤 어머니는 이런 아이와 외출하는 것이 두렵다고도 합니다. 낯선 사람만 보면 얼어버리고, 심하게 떼를 쓰니 아이가 감당이 안 된다는 것이지요. 이런 아이들을 '마더킬러(mother killer)'라고 부르는 것만 봐도 까다로운 아이를 키우는 것이 얼마나 어려운 일인지 알 수 있습니다.

일반적으로 영유아들은 조금만 관찰해보면 무슨 생각을 하는지, 지금 어떤 기분인지, 왜 화가 났는지 금방 알아차릴 수 있는데, 안타깝게도 까다로운 아이들은 그것을 쉽게 알기 어렵습니다. 그러다 보니 엄마, 아빠는 점점 아이에 대해 자신감을 잃게 됩니다. 특히 이런 아이들 중에는 평상시에는 똘똘하게 행동하는 경우가 많아서 어떨 때는 아이가 일부러 그러는 것이 아닌가 하는 의심이 생기기도 합니다.

까다로운 기질을 가진 아이들이 이렇게 부모를 블랙홀로 빠트리는 데에는 이유가 있습니다. 일부러 약을 올리려고, 엄마 머리 꼭대기에 앉아서 자기 마음대로 주무르려고 이런 행동을 하는 것이 아닙니다. 아이 자신도 어쩔 수 없는 생물학적 특징 때문에 그러는 것입니다.

이 아이들은 다른 아이들에 비해 환경을 받아들이는 오감이 더 많이 열려 있어서 작은 자극도 크게 받아들이고 쉽게 넘어가지 못합니다. 예를 들면, 보통 쉽게 먹을 수 있는 음식들도 물컹거리는 식감이 불편해서, 냄새가 낯설어서 먹지 못합니다. 대개의 아이들은 잠자리에 누운 뒤 20분 내에 잠들게 마련이지만, 오감이 더 많이 열려 있다 보니 잠자리에서조차 계속 자극을 느껴 쉽게 잠들지 못합니다.

　잘 생각해보세요. 이런 아이를 키우는 엄마가 더 힘들까요, 아이가 더 힘들까요? 그동안 까다로운 아이를 키우느라 너무 힘들었던 어머니는 "물론 제가 더 힘들지요"라고 말하겠지만, 아마 당사자인 아이만큼 힘들지는 않을 것입니다. 특히 어릴수록 자기도 이해할 수 없는 자극을 너무 많이 접하게 되면 더 감당하기 어렵겠지요.

　이런 경우 아이들에게는 가장 먼저 어떤 문제가 생길까요? 네, 아이들은 너무나도 쉽게 불안이라는 감정에 압도됩니다. 이런 불안이 아이들을 괴롭히기 때문에 아이들은 우선 이런 불안을 마주하고 싶지 않겠지요. 그래서 자기가 익숙한 것만 하고, 사소한 변화도 받아들이지 못하고 격렬하게 싫어하는 것입니다.

　이런 행동은 불안에서 생겨납니다. 그 행동이 너무 강력하게 나타나다 보니 밖에서 보기에는 아주아주 고집 센 아이처럼 착각하게 되는 것입니다. 아이들이 이를 악물고 엄마 말을 안 들으려고 결심해서 이런 행동을 하는 것이 아니라 자신을 너무 힘들게 하는 불안이라는 감정을 피하려고 하는 행동이라는 것을 이해한다면 아이를 바라보는 시선이 달라질 것입니다.

　자, 이런 아이들에게는 가장 먼저 불안에 압도되지 않도록 자극을 잘 처리하는 법을 알려주어야겠지요. 특히, 예민하고 까다로운 아이들의 대다수는 쉽게 잠들지 않는 경향이 있습니다. 그러다 보니 잠투정이 심한 것은 덤입니다. 그래서 한밤에 차에 태워서 드라

이브를 다녀오기도 하고, 유모차에 태워 아파트 지하주차장을 배회하기도 합니다.

이렇게 시달리다 보면 아이도 엄마도 항상 잠이 모자라서 서로 점점 더 예민해지게 됩니다. 어떤 어머니는 "선생님, 저는 아이가 너무 잠을 안 자고 자다가도 자꾸 깨서 3년 동안 거의 가수면 상태로 지냈어요" 하고 하소연하기도 합니다.

예민할수록 질 좋은 수면을 할 수 있도록 도와야 엄마와 아이 모두 건강한 삶을 살아갈 수 있습니다. 그렇다면 이런 까다로운 아이와는 어떤 방법으로 잠자기 전 15분을 활용하면 좋을까요?

괴로워서 하는 행동이라고 이해해주세요

아이의 생물학적 특성을 너무 정서적인 것이나 고집으로 여기지 말고, 이를 잘 이해하는 것이 무엇보다 중요합니다. 이해해야 공감할 수 있고, 그래야 적절한 대처가 가능해집니다. '보는 나도 힘든데, 아이 자신은 얼마나 더 힘들까' 하는 측은지심이 있어야 합니다. 이렇게 이해를 하면 아이가 잠투정을 심하게 부릴 때 "졸리기는 한데 잠이 잘 안 오지. 이를 어째" 하고 한마디라도 부드럽게 해줄 수 있게 됩니다.

만약 이런 아이의 특징을 잘 이해하지 못한다면 몇 번 참다가 "넌 왜 밤마다 이 난리야! 정말 내가 못살겠다. 맞고 잘 거야!" 하고 버럭 화를 내게 됩니다. 그러면 잠자기 전 15분은 아이와 엄마 모두에게 고통의 시간이 되어버립니다. 일단 아이의 특징을 이해해야 15분을 잘 견딜 수 있는 힘이 생깁니다.

⭐ 서서히 자극의 양을 줄여주세요

예민한 아이들은 작은 자극에도 신경이 곤두서기 때문에 항상 과잉으로 각성되어 있습니다. 즉, 긴장으로 온 신경이 팽팽하게 당겨져 있기 때문에 조금만 건드려도 날카로운 반응이 나오는 것입니다. 이런 상태에서 잠이 올까요? 투정을 부리는 아이와 대화가 가능할까요? 적어도 잠자기 전 15분을 평화롭게 보내려면 먼저 긴장을 유발하는 자극을 줄여주어야 합니다.

이를 위해서 적어도 잠자리에 들기 3시간 전부터는 거실의 조명도 반으로 줄이고, TV 소리도 조금씩 낮추고, 너무 뛰어놀지 않게 해야겠지요. 아직 아이는 스스로 자신의 감각을 조절하기 어렵기 때문에 외부 환경부터 조절해주는 것입니다.

신체 감각 이완에 총력을 기울이세요

까다로워서 수면에 어려움이 있는 아이들은 우선 낮 시간 활동에 좀 더 관심을 기울여주세요. 낮 동안 몸을 움직이는 놀이나 활동을 많이 하면 즐거움을 만끽하면서 아이들의 감각이 균형 있게 발달되어 전반적인 신체 및 정서 발달에 큰 도움이 됩니다. 특히 까다롭고 예민한 아이들은 감각 발달이 한쪽으로 편향되어 있으므로 즐거운 가운데 편안하게 감각을 받아들이도록 하는 것이 중요합니다. 놀이를 할 때는 다양한 감각을 계속 사용하게 되므로 균형 있는 발달이 보장됩니다.

부모님들도 어린 시절에 많이 해본 술래잡기, 무궁화꽃이 피었습니다, 숨바꼭질 같은 놀이를 하거나 운동장이나 놀이터에서 뛰어노는 방법이 있겠지요. 이보다 더 묵직한 신체 활동을 꾸준하게 하도록 지도해주는 것도 좋습니다. 등산, 클라이밍, 축구, 수영 같은 스포츠 중에서 아이에게 잘 맞는 종목을 정해서 해보거나, 철봉 매달리기, 경사로 오르내리기, 줄다리기, 벽 밀기, 구름사다리, 포복하기 등의 활동도 도움이 됩니다.

이렇게 낮을 활동적으로 보내면, 아이들은 잠자는 시간을 보다 편안하게 받아들일 준비가 됩니다. 이처럼 기초공사를 튼튼히 한 다음 잠들기 전 15분 동안 다음과 같은 활동을 해보면 잠드는 시간이 좀 더 행복하고 편안하게 느껴질 수 있습니다.

○ 아이 스스로 선택하도록 기회를 주세요.

잠자는 동안 아이가 입을 옷이나 이불의 재질, 편하게 느끼는 베개, 안고 잘 수 있는 인형, 좋아하는 향기 등을 아이가 스스로 선택할 수 있도록 기회를 주세요. 이 과정을 통해서 아이는 한결 이완되고 편안함을 느끼며 잠자기 전 15분을 보낼 수 있게 됩니다.

○ 공이나 인형을 사용해보세요.

아이에게 물렁한 공이나 콩이 들어 있는 작은 인형을 쥐어주고 손으로 만질 수 있도록 해주세요. 손에 힘을 주었다가 빼는 활동을 통해 긴장이 많이 이완될 수 있습니다.

○ 꼭 안아주세요.

가슴이 압박되도록 꼭 안아주세요. "꼭 안아주세요. 갈비뼈가 으스러지도록" 하는 노래가 있지요? 그렇게 아이를 꼭 안아서 깊게 압박을 해주면 아이들은 안정되는 느낌과 진정되는 느낌을 갖게 됩니다. 당연히 부모와 자녀 관계는 더 좋아지겠지요.

마찬가지로 손으로 가볍게 만지는 것보다 손바닥 전체를 이용해서 지그시 누르듯 만지는 것이 좀 더 아이를 편안하게 해줍니다.

○ 마사지를 해주세요.

아이가 좋아하는 향의 로션이나 오일을 이용해서 적당한 압력을 가하면서 마사지를 해주세요. 이때 털이 난 방향으로 쓸어주어야 진정 효과를 얻을 수 있습니다. 털이 난 반대 방향으로 쓸어줄 경우 오히려 자극으로 받아들여 안정감이 저하될 수 있습니다.

◯ 쿠션이나 이불을 사용해보세요.

쿠션 위에 드러눕거나, 쿠션을 꼭 끌어안거나, 쿠션을 안고 뒹구는 것도 긴장을 이완시키고 엄마와 큰 갈등 없이 즐겁게 잠자리에 들 수 있는 좋은 방법입니다.

푹신한 이불 위에 누워서 데굴데굴 굴러다니거나, 이불을 몸에 돌돌 말아 압박감을 주는 김밥말이 놀이, 두꺼운 이불을 덮어주고 그 위를 꾹꾹 눌러주는 샌드위치 놀이도 아이의 마음을 안정되게 해줍니다.

○ 자극적인 활동은 피해주세요.

잠자기 전에 아이를 너무 흥분시키는 활동은 피하는 것이 좋습니다. 이런 경우, 그 당시는 즐겁지만 잠이 다 깨버려서 아이가 계속 놀자고 조를 수도 있습니다. 그러다가는 아이의 수면 시간이 줄어들어 오히려 아이가 더 피곤해질 수 있겠지요.

특히 촉각이 예민해서 만지는 걸 싫어하거나, 살짝 부딪혀도 때렸다고 울어버리는 성향의 아이라면 더더욱 간지럼을 태우는 등의 자극적인 활동은 금물입니다. 이런 아이들은 장난을 싫어하고 심지어 화를 내기도 합니다. 이는 매우 불편하다는 표현이므로 안정감을 주기 위해 하는 활동이 오히려 불안을 야기할 수도 있게 됩니다. 아이가 거부할 때는 아무리 친밀감을 갖기 위한 활동이더라도 하지 않는 것이 좋습니다.

'까다로운 아이' 체크리스트

다음은 일반적으로 까다로운 아이들에게서 나타나는 행동입니다. 만일 여기에 해당되는 항목이 많다면 평소에 아이를 이해하기 어렵고 잠자는 시간 역시 아이와 씨름하는 일이 다반사일 것입니다.

〈영유아기〉
- ☐ 촉각, 청각, 미각 등 여러 주위 자극에 매우 예민해요.
- ☐ 뒤집기, 네 발 기기, 서기, 걷기 등의 운동 발달이 늦어요.
- ☐ 잠드는 데 시간이 많이 걸리고, 잠이 깰 때 항상 울고, 깊이 잠들지 못해요.
- ☐ 새로운 음식을 잘 먹지 않고, 아주 부드러운 음식만 먹거나 씹지 않고 입에 물고 있는 등 전반적으로 먹는 것을 힘들어해요.
- ☐ 움직임이 많고 부산하지만 막상 운동을 시키면 어려워해요.
- ☐ 움직임이 흐느적거리며, 주로 누워 있는 경우가 많아요.
- ☐ 지나치게 높은 곳에서 뛰어내리거나 부딪히는 등 과격하게 놀아요.
- ☐ 손에 로션이나 물감 바르기를 싫어하고 고통스러워해요.
- ☐ 특정 옷의 재질이나 옷 속 상표 때문에 불평하거나 신경질을 내요.
- ☐ 친구들은 좋아하는데, 붐비고 복잡한 환경이나 그룹 활동은 힘들어해요.
- ☐ 가위질이나 색칠하기, 그리기 같은 미세 활동을 힘들어해요.

〈학령기〉
- ☐ 한 가지 활동에 집중하기 어렵고 늘 안절부절못해요.
- ☐ 책 읽기를 싫어하고 칠판의 글씨를 노트에 옮겨 적기 힘들어해요.
- ☐ 줄넘기와 같은 손발 협응력이 필요한 운동 수행을 어려워해요.
- ☐ 단체 생활을 힘들어하고 또래 아동과도 잘 어울리지 못해요.

주의가 산만한 아이

낮 시간에 놀아도 놀아도 계속 놀고 싶다는 철이는 잠자는 시간이 너무 싫다고 합니다. 가만히 누워 있는 것이 싫고, 잠도 잘 오지 않는다고요. 억지로 방 안에 밀어 넣고 혼을 내면서 빨리 자라고 해도 누워서 발 차기를 하고, 몸부림을 칩니다.

주의가 산만한 아이들은 계속 움직이고 또 움직여도 쉬이 지치지 않습니다. 항상 각성되어 있는 상태여서 쉴 틈이 없지요. 어떨 때는 '혹시 엉덩이에 모터가 달렸나' 하는 의심이 들기도 합니다. 그러다 보니 잠을 잘 때에도 몸부림이 심하고, 계속 물 마신다고 깨고, 화장실 간다고 나오고, 밖에서 TV 소리가 나면 궁금해서 또 나오고⋯ 잠자리에 들기가 어렵습니다.

그나마 억지로 침대에 밀어 넣어도 눈을 또록또록 뜨고 30분 이상 잠들지 못합니다. 이렇게 되면 결국 아침에 못 일어나고, 잠이 부족하니 집중력은 더 떨어지게 되지요. 잠자기 전 15분을 잘 활용하면 이런 악순환을 끊을 수 있습니다.

쉽게 잠들지 못할 수도 있다고 이해해주세요.

"엄마가 들어가서 자라고 하면 그냥 누워 있는데 잠이 잘 안 와서 1시간 넘게 그냥 눈만 뜨고 있어요." 상담 센터를 찾은 산만한 아이들이 한결같이 하는 이야기입니다. 자기도 잠을 자고 싶은데 잠이 오지 않는다는 것이지요. 이런 아이들은 엄마 말을 안 들으려고 일부러 잠을 안 자는 것이 아니라 정말 잠이 잘 오지 않는 것입니다.

산만한 아이의 경우 높은 각성 상태가 오랫동안 지속되기 때문에 각성 상태를 낮춰주지 않으면 쉽게 잠들기 어렵습니다. 보는 엄마도 짜증나지만, 정작 괴로운 것은 아이 자신입니다. 이런 아이의 기질을 잘 이해해주는 것이 무엇보다 중요합니다.

낮 시간을 잘 활용하세요

아이가 평상시에도 과도하게 흥분한다면 다음의 몇 가지 활동이 도움이 됩니다.

1. 물이나 음료를 빨대로 마셔요.
2. 껌이나 젤리처럼 꼭꼭 씹어 먹을 수 있는 간식을 먹어요.
3. 깊고 천천히 호흡해요.
4. 풍선, 촛불 끄기, 비눗방울 등 불기 놀이를 해요.
5. 짐 볼 놀이를 해요. 짐 볼 위에 앉아서 천천히 위 아래로 움직이거나, 짐 볼 위에 엎드려서 천천히 앞뒤로 움직여요.

산만한 아이는 특히 낮 시간을 더 활동적으로 잘 보내야 합니다. 낮 시간에 다른 어떤 활동보다 신체 놀이를 충분히 하도록 해주세요. 나이가 어릴 경우에는 기기나 배밀이를 할 수 있고, 좀 더 자라면 점프하기, 매달리기, 암벽등반, 등산, 수영 등 관절과 근육을 이용하는 놀이가 도움이 됩니다.

★ 필요한 것은 잠자리에 들기 전 미리 해결하세요

산만한 아이들은 자꾸 핑계를 만들어 침대 밖으로 나가려고 합니다. 갑자기 목이 마르다고 하고, 밖에서 무슨 소리가 들리면 그 소리가 너무 궁금해서 나가려고 하고, 화장실이 가고 싶다고 하는 등 가만히 누워 있는 것 자체를 힘들어하는 경우가 많습니다.

그러므로 잠자리에 들기 전에 미리 물을 마시게 하고, 화장실도 다녀오게 하여 우선 이부자리에서 나오는 일이 없도록 해야 합니다. 또 방 밖에서 TV 소리나 말소리 등이 나지 않도록 해서 아이의 주의가 분산되는 일이 없도록 해야 합니다.

자꾸 움직이다 보면 15분은 금방 지나가버리고 아이는 더욱 말짱한 눈으로 엄마를 쳐다보면서 '더 놀고 싶다'는 강렬한 메시지를 보내오게 될 테니까요.

온몸에 힘을 줬다가 빼는 놀이를 해보세요

에너지가 넘치는 아이의 힘을 조절해주기 위해 온몸의 근육을 경직시켰다가 이완시키는 놀이를 해보는 것도 도움이 됩니다.

잠자리에 누운 아이에게 "머리에 힘을 세게 줘봐. 자, 이제 확 풀어봐. 이번엔 눈썹에 힘을 줘봐. 자, 이제 풀어봐" 등과 같이 신체 각 부분을 경직시켰다가 이완시키는 활동을 시켜보세요. 이를 통해 아이의 각성 정도가 낮아져서 쉽게 잠들 수 있습니다. 엄마와 관계가 좋아지는 것은 당연하고요.

동상 놀이를 해보세요

누워 있는 상태에서 아이의 몸을 움직여 어떤 동작을 취하게 만듭니다. 그 자세로 1분 정도 동상처럼 가만히 있게 하세요. 이것은 몸을 경직시켰다가 이완시키는 효과를 가져와서 좀 더 편안하게 긴장을 이완시킬 수 있습니다. 그다음 2분 정도 동상처럼 있게 합니다. 이때 전과 똑같은 포즈를 취해도 되고 다른 동작을 취해도 됩니다. 아이가 원하는 포즈를 취하게 하면 되겠습니다.

반대로 아이가 엄마 몸을 만져서 어떤 동작을 만들고 그대로 있게 할 수도 있지만, 아이에게 너무 많은 기회를 주면 아이는 더욱 흥분해서 잠을 자지 않고 계속 놀자고 할 가능성이 높습니다. 그러므로 엄마가 아이를 동상처럼 움직이지 않도록 만드는 것이 더 바람직합니다.

불안감이 높고, 걱정이 많은 아이

잠자기 전에 아이는 "괴물이 나타나면 어떻게 하냐"며 조그만 소리에도 움찔움찔합니다. 그뿐만 아니라 무슨 걱정이 그리 많은지 "도둑이 들어오면 어떻게 해", "내일 친구들이 안 놀아주면 어떻게 해" 하면서 하소연을 합니다.

인간에게 생기는 가장 기본적인 감정이 바로 불안입니다. 그러나 아이들은 부모라는 든든한 대상을 통해 안심하면서 주변을 탐색하고, 부모의 지지에 힘입어 점점 불안감을 조절하면서 세상을 살아갈 자신감을 갖게 됩니다.

하지만 예민하고 까다로운 기질을 가지고 있거나, 안정된 애착 형성이 잘 되지 않았거나, 충격적인 사건을 경험하는 등 불안에 노출된 아이들은 잠을 잘 때에도 쉽게 잠들지 못하고, 끊임없는 걱정과 불안 속에서 전전긍긍하게 됩니다.

이런 불안이나 스트레스는 아이의 숙면을 방해하고, 이것은 곧 아이가 공부를 하고 친구를 사귀는 등의 일상생활을 잘 해나가지 못하는 문제로 이어집니다. 아이가 처음 이런 불안을 호소할 때는 들어주기도 하고, "그런 일은 생기지 않아" 하고 토닥여주지만 매일 밤 반복되면 부모도 이를 어째야 할지 난감해지지요.

자, 어떻게 하면 불안감이 높고 걱정이 많은 아이들이 편안하게 잠들 수 있을까요?

일상적인 규칙을 만들어주세요

불안이나 걱정이 많은 아이들은 자신이 예상한 것 이외의 일이 발생할 때 더 크게 당황하고 불안해합니다. 그러므로 될 수 있는 한 아이의 일상이 규칙적인 것이 좋습니다. 사실 이 아이들은 낮 시간에 이미 충분히 당황스럽고 어찌해야 할지 몰라 전전긍긍한 경험을 했을 가능성이 큽니다. 어린이집이나 유치원에서 발생하는 많은 일들이 항상 자기 예상대로 되지 않았을 테니 말입니다.

그러므로 집에서는 항상 아이가 예상할 수 있도록 일상적인 규칙을 만들어주세요. 밤 8시 50분이 되면 잠옷을 갈아입고, 이 닦고, 세수하고, 함께 데리고 잘 인형을 선택하고, 엄마가 읽어줄 책을 선택하는 등의 규칙을 만들고 매일 이것을 잘 지켜나가는 것이 아주 중요합니다.

잠자는 시간 10분 전부러 알려주세요

잠잘 시간이 다가오면 "자, 이제 20분 뒤에 자러 들어가자", "10분 남았네", "5분 남았네" 하는 식으로 간격을 두고 잠잘 시간을 알려주세요. 이렇게 시간을 공지해주면 아이는 그다음에 일어날 일을 예측하면서 마음의 준비를 할 수 있게 됩니다.

심호흡을 하게 해보세요

불안이 심한 아이는 몸도 경직되어 있는 경우가 많습니다. 이때 몸을 잘 이완할 수 있도록 도와주면 좀 더 편안하게 잠을 청할 수 있습니다. 자신의 호흡과 그에 따른 몸의 변화를 느낄 수 있도록 다음과 같이 해보세요.

1. 똑바로 누워 눈을 감고 자신의 배에 손을 올려놓게 하세요.
   "두 손을 편안하게 배꼽 위에 잘 포개놓아봐."
2. 숨을 깊게 들이마시고 천천히 내쉬게 하세요.
   "엄마가 1, 2를 셀 때는 들이마시고, 3, 4를 세면 내쉬는 거야."
3. 이때 손으로 배가 움직이는 것을 느끼도록 하세요.
   "자, 숨을 들이마시니까 배가 쑥 나오고, 내쉬니까 배가 쑥 들어가네."

걱정 인형을 만들어주세요

아이에게 인형을 하나 선택하게 한 다음 "앞으로 이 인형에게 네 걱정을 다 이야기할 거야. 그러면 이 인형은 그 고민을 자기만 알고 있고, 다른 사람에게는 절대 말하지 않는대" 하고 설명해주세요.

그리고 잠자기 전에 엄마와 아이 사이에 인형을 놓아두고 아이의 이야기를 인형과 함께 들어주세요. 그다음 "자, 인형아(이름을 지어주어도 좋습니다) 들었지? 이제 그 걱정은 네가 가지고 있는 거야. 인형에게 걱정을 주었으니 오늘 밤은 아무 걱정하지 말고 잘 자"라고 아이에게 말해주세요. 아이는 엄마에게 속이야기를 했을 뿐 아니라 눈앞에 자신의 걱정을 나눠준 대상이 있기 때문에 좀 더 편안한 마음으로 잠자리에 들 수 있습니다.

여행을 떠나는 상상을 하게 해주세요

아이의 눈을 감게 한 다음 시각, 청각, 촉각을 모두 떠올릴 수 있는 상상을 하게 해주세요.

"자, 이제 우리는 넓고 넓은 바닷가에 가 있어. 모래를 밟았는데 발이 까끌까끌하네. 시원한 바람이 불어오고, 점점 바다에 가까이 가고 있어. 아, 바다 냄새. 하늘에는 구름이 떠 있네…"

이때 아이가 세세하게 상상할 수 있게 풍경을 잘 묘사해줄수록 아이는 더욱 편안하게 이완될 수 있습니다. 이런 과정을 통해 걱정과 불안으로 딱딱해진 몸과 마음이 풀어지면서 편안해질 수 있습니다.

아이를 꼭 안고 기도해주세요

종교가 있는 분들은 믿고 있는 신에게, 종교가 없는 분들은 그냥 기원하는 마음으로 기도해보세요.

"오늘 밤 우리 ○○이가 아무 걱정 없이 편안하게 잠들 수 있도록 도와주세요."

이때 아이를 꼭 안고 기도해주면 아이는 편안하고 따뜻하게 보호받는 느낌을 받을 수 있습니다.

자위행위를 하는 아이

잠을 자고 있을 것 같아 살짝 들여다보면 아이는 어김없이 자기 성기를 만지고 있습니다. 처음에는 그럴 때가 있다는 주변의 말도 듣고, 모른 척하라는 조언도 들어서 그냥 내버려두었는데 점점 심해지는 것 같아요.

아이들이 자위행위 하는 모습을 발견하면 꽤 당황하게 되지요. 남의 아이라면 "에이, 크면서 그럴 수도 있대요" 하고 쿨하게 말할 수도 있겠지만 내 아이가 이런 행동을 자주 하게 될 때에는 여러 가지 생각으로 머릿속이 복잡해집니다.

아이가 자위를 해서 상담 센터를 찾은 부모들 중에는 "이러다가 나중에 아이가 너무 성을 밝히면 어떻게 해요?" 하고 불안해하는 분도 있습니다. 그러나 아이들의 자위행위는 어른들이 생각하는 '성 개념'과는 그 의미가 조금 다릅니다.

아이들의 자위는 성을 탐닉하는 행동이라기보다 '스스로 위로하는 행동'이라고 볼 수 있습니다. 아이들은 아직 스스로를 위로하는 데 서툴기 때문에 좀 더 성숙한 어른들에게 따뜻한 위로를 받고 싶어 하는데, 이것이 여의치 않을 때 스스로를 위로하는 행동에 더욱 몰입하게 됩니다.

보통 아이들은 잠들 때, 잠에서 막 깼을 때, 심심할 때 자위를 합니다. 일반적으로 엄마와 같은 따뜻한 대상이 필요한 시간이지요. 이럴 때 아이가 너무 조용해서 가보면 엄지를 빨면서 성기를 만지고 있는 모습을 발견하게 됩니다.

그렇다고 해서 엄마가 24시간 아이와 붙어 있으면서 정서적인 자극을 주어야 하는 것은 아닙니다. 같이 있는 시간도 있고, 또 따로 각자의 시간을 보낼 때도 있어야 하는 법이지요. 하지만 적어도 위로가 필요하고 스트레스가 있을 때는 안전한 대상과 함께 있는 것이 더욱 좋겠지요. 또 아이에게 그런 대상이 필요할 때 부모가 심리적으로 위로해준다면 더 할 나위가 없을 것입니다.

잠자기 전 15분 동안 부모가 아이와 진정 마음으로 만나준다면 아이는 따뜻하게 위로받는 경험을 하게 됩니다. 이런 진정한 만남 속에서 자위행위는 점점 감소하게 될 것입니다.

함께 있고 싶다는 사인으로 받아들이세요

아이가 자위를 하면 부모들은 "그러면 지지다", "그러면 거기에 벌레 들어가!"라고 겁을 주거나, 여러 번 이야기해도 듣지 않으면 "하지 말랬지!" 하고 화를 냅니다.

이렇게 아이에게 면박을 주는 대신 아이가 지금 '함께 있고 싶다'는 사인을 보내는 것이라고 생각하세요. 일반적으로 아이들은 잠시 자위행위를 하다가 곧 잊어버립니다. 한 번 그랬다고 해서 너무 심각하게 받아들이지 않는 자세가 필요합니다.

이유를 찾아보고 대처법을 제시해보세요

사실 자위행위에 몰두하는 경우, 어느 정도 이유가 있기는 합니다. 예를 들어, 너무 어른의 손을 많이 탄 아이의 경우 혼자 있는 적막함을 견디기 어려워 자위를 하기도 합니다. 그렇다면 평상시에 아이가 어른 없이 스스로 할 수 있는 일이 많아지도록 지도하는 것이 좋겠지요.

평소 긴장감을 많이 느끼는 아이라면 여러 가지 스트레칭을 하게 하거나 따뜻한 물에 잠깐 몸을 담가 긴장을 이완시켜줄 수도 있습니다. 이렇게 아이가 자위를 하는 이유를 알아보고 그에 맞는 대처 방법을 찾아보세요.

아이의 욕구를 채워줄 대안을 찾아보세요

자위를 할 때 긴장이 이완되는 경험을 하게 되면 아이는 계속 그 자극을 찾게 됩니다. 따라서 무조건 안 된다고 혼만 내지 말고, 그보다 아이를 더 편안하게 해주는 자극이 무엇인지 찾아보세요.

특히 잠들기 전에 자위행위를 하는 경우가 많으므로 잠자기 전 15분은 부모들에게 좋은 기회입니다. 이때 아이가 자위행위에서 얻는 위안보다 더 편안함을 느낄 수 있는 대안 활동이 필요합니다. 어떤 것이든 아이가 만족하고 좋아하는 활동이면 됩니다.

과격한 운동은 금물입니다

'피곤하면 자위행위를 하지 않고 금방 잠에 곯아떨어지겠지'라는 생각에 잠들기 전에 과격한 운동을 시키는 경우도 있습니다. 그러나 경험이 있는 분들은 이미 알겠지만, 그렇게 해도 아이들은 쉽게 곯아떨어지지 않습니다.

잠자기 전에 아이를 흥분시키면 오히려 진정될 때까지 잠드는 데 걸리는 시간만 늘어나게 되지요. 그러다 보면 자위행위를 멈추지 못하게 될 수 있습니다. 아이의 에너지를 다 소진시켜버려야겠다는 과욕은 내려놓고, 오히려 차분히 잠에 빠져들 수 있도록 자극의 양을 줄여주는 것이 좋습니다.

엄마 없이는 잠 못 드는 아이

우리 아이는 잠잘 때 꼭 엄마 머리카락을 만져야 잠이 듭니다. 그것도 하루 이틀이지 너무 머리카락을 만지니 어떤 날은 신경질이 납니다. 그래서 그만 만지라고 하면 아이도 신경질을 내면서 더 세게 잡아당깁니다.

갓난아기 때는 배 위에다 올려놓고 재우기도 하고, 엄마를 만지고 자는 것에 큰 부담감이 없었지만, 나이가 들어서도 여전히 엄마 몸에 붙어서 자면 서서히 짜증이 나기 시작합니다. 계속 엄마 가슴을 만지고 자려는 아이는 그렇게 못 하게 할 경우 기습 공격하듯 확 만져버리기도 합니다. 그러면 아무리 내 자식이라도 불쾌한 기분이 들지요.

도대체 왜 이러는 걸까요? 이유를 알아야 대처할 수 있겠지요?

이런 행동은 대부분 엄마와 완전히 분리되는 것에 대한 두려움 때문에 생깁니다. 눈을 감으면 이 세상 모든 것과 분리가 되는데, 어린아이의 경우 누구와의 분리가 가장 무섭고 두려울까요? 당연히 엄마와의 분리겠지요. 그러다 보니 조금이라도 의식이 남아 있으면 엄마와 분리되지 않기 위해 안간힘을 씁니다. 엄마를 접촉하고 있어야 엄마와 연결된 끈이 끊어지지 않았음을 느낄 수 있으니까요.

어떻게 하면 이런 아이에게 눈을 감아도 엄마가 완전히 사라지는 것이 아니라는 것을 알려줄 수 있을까요? 네, 놀이로 알려주면 됩니다. 놀이를 하면서 배우는 것들은 설교로 주입되는 것과 달리 온몸으로 자연스럽게 느끼면서 습득하는 것이므로 그 어떤 방법보다 효과가 만점입니다.

이런 아이들에게 가장 중요한 것은 바로 '대상영속성'을 갖게 하는 것입니다. '내 눈에는 보이지 않지만 그것은 사라지지 않고 잘 존재하고 있다고 믿는 능력'을 말합니다. 즉, 내가 눈을 감아도 엄마가 사라지는 것이 아니라 그 자리에 그대로 존재하고 있다고 믿을 수 있어야 아이들은 두 눈을 감고 잠을 청할 수 있게 됩니다.

이런 개념을 잘 심어줄 수 있는 놀이가 있습니다. 잠자기 전 15분 동안 이런 놀이를 할 때에는 아이를 너무 깔깔 웃게 만들거나 과도하게 흥분시키지 말아야 한다는 원칙을 절대 잊지 마세요.

◌ 까꿍 놀이

대상영속성을 알려주는 놀이의 최고봉이 바로 까꿍 놀이입니다. 이불 속에 아이의 한쪽 팔을 집어넣고 "어, 우리 ○○이 팔이 어디 갔지?" 하면 아이가 웃음을 참지 못하면서 "여기"라고 팔을 내밀지요. 그럼 "아, 여기 있었구나" 하고 말해주면 됩니다. 그다음에는 손으로 아이 눈을 가리고 "우리 똘똘이 눈이 어디 갔나?" 하는 식으로 까꿍 놀이를 해보세요.

특히 밤 시간에 엄마와 잘 분리되지 못하는 아이의 경우, 낮에 숨바꼭질, 보물찾기 같은 놀이를 많이 해주면 큰 도움이 됩니다.

◯ **'눈은 어디 있나, 여기' 놀이**

엄마가 낮은 목소리로 "○○이 눈은 어디 있나, 여기"라는 노래를 부르면서 가볍게 아이의 얼굴이나 몸을 만져주면 아이는 계속 엄마와 자신이 연결되어 있다는 것을 느끼고 안심하게 됩니다.

◯ **'잘 자, 얘들아' 놀이**

엄마가 아이의 머리부터 만지면서 "안녕, 잘 자 머리야", "안녕, 잘 자 눈썹아"라고 굿나잇 인사를 해보세요. 이런 놀이를 통해 아이는 엄마와 서서히 분리된다는 느낌을 갖게 되어 편안한 밤 시간을 보내게 됩니다.

계속 책을 읽어달라는 아이

잠자기 전에 아이에게 책을 읽어주는데 점점 잠드는 시간이 늦어지고 있습니다. 나가지 말고 계속 책을 읽어달라고 졸라요. 어떤 날은 정말 책 내용을 듣고 싶은 것인지, 엄마가 나가는 것이 싫어서 떼를 쓰는 것인지 구분하기 어렵습니다.

책을 읽어주면 어떤 아이들은 책에 전혀 관심을 두지 않고 딴짓을 하고, 어떤 아이들은 20권을 읽어줘도 더 읽어달라고 떼를 씁니다. 처음에는 아이가 책을 좋아하나 보다 싶어서 계속 읽어주지만 읽어달라고 하는 책의 권수가 많아지면 서서히 부담스러워지지요. 아이도 잠드는 시간이 늦어져서 그다음 날 생활에 안 좋은 영향을 미치게 됩니다.

그렇다고 무조건 안 된다고 하면 아이는 그것을 받아들이지 못합니다. 먼저 아이가 책에 매달리는 이유를 찾아보고, 그 이유에 따라 적절히 대응해준다면 매일 밤 책 읽는 일로 아이와 씨름하지 않게 됩니다.

이유를 찾아보고, 그 이유를 말로 잘 표현해주세요

아이가 엄마와 분리되기 싫어서 계속 책을 읽어달라고 떼를 쓰는지, 잠이 오지 않아서 계속 책 읽기를 원하는지 등 그 이유를 먼저 잘 찾아보세요. 부모가 보기에는 말도 안 되는 이유 같더라도 아이에게는 절박할 수 있습니다.

이때 부모가 놓치지 말고 해야 하는 것은 "너 엄마 나가는 게 싫어서 그렇지?" 하고 아이가 절박하게 매달리는 이유를 말로 잘 표현해주는 것입니다. 이것이 바로 널리 알려져 있는 '마음 읽기'입니다. 이런 '마음 읽기'를 통해 아이들은 자신도 잘 모르는 자신의 마음을 표현해주는 사이다 같은 엄마의 말에 안정감을 느끼게 됩니다. 가려운 곳이 시원해지는 느낌을 받는 것이지요.

마음은 이해해주되 적절히 제한해주세요

마음을 이해해주라는 것은 그 행동을 다 받아주라는 말이 절대 아닙니다. "그래, 너 엄마가 계속 옆에 있었으면 좋겠지? 그럼 너 잠들 때까지 엄마가 계속 책 읽어줄게" 하는 것이 친절하고 좋은 엄마처럼 보이지요? 절대 그렇지 않습니다. 결국 엄마도 지쳐서 화가 나게 되고, 아이는 "언제는 다 해줄 것처럼 그러더니 왜 오늘은 안 된다는 거야"라며 오히려 더 불안해합니다. 그러다 보면 엄마가 들어줄 때까지 더욱 칭얼거리고 매달려서 결국 엄마와 아이 모두 기분이 상한 채 그날 밤을 보내게 되지요.

자, 이런 투쟁에 휘말리지 말고 잠자기 전 15분간이라는 원칙을 잘 지켜주세요. "그런데 이제는 잠 잘 시간이야. 우리 책은 1권만 읽기로 약속했지? 이제 우리가 약속한 시간이 다 되었네. 그렇지만 걱정하지 마. 내일 아침에 눈을 뜨면 엄마랑 즐겁게 만나게 될 거야." 이렇게 일관성 있는 태도를 보여주세요.

악몽을 자주 꿔
잠을 거부하는 아이

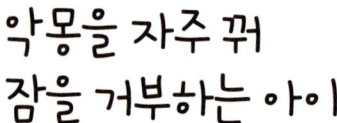

아이가 어젯밤에 귀신 꿈을 꾸었다고 오늘 밤 꿈에 또 귀신이 나올까 봐 잠을 자지 않겠다고 합니다. 걱정하지 말라고 아무리 달래도 아이의 마음이 좀처럼 안정되지 않네요.

어린아이의 경우, 인지 능력의 특성상 성인과는 다르게 외부 상황을 받아들입니다. 그중 대표적인 것이 자기중심적으로 판단하고, 현실과 가상세계를 잘 구분하지 못하는 것입니다. 엄마 생일 때 엄마에게 필요한 것이 아니라 자신이 아끼는 사탕을 선물하거나, 꿈에서 본 괴물이 마치 지금 당장 나타날 것처럼 느끼는 것은 다 그런 이유입니다.

그러므로 "괜찮아, 뭘 무서워해" 하고 말하는 것은 어른 중심의 대처라고 볼 수 있습니다. 잠자기 전 15분 동안 아이의 발달 과정에 맞게 대처하는 방법을 한번 알아볼게요.

아이가 정말 무서워한다는 것을 진심으로 받아주세요

아이가 잠을 자면 그 괴물이 나타날까 봐 정말 무서워하고 있다는 것을 진심으로 받아주어야 합니다. 성인과는 다른 관점으로 여러 자극을 받아들이는 발달 시기에 있다는 것을 이해하면 아이의 마음에 좀 더 공감할 수 있습니다.

"세상에, 그런 괴물이 왔단 말이야? 이거 정말 안 되겠는데. 그 나쁜 괴물 때문에 우리 ○○이가 이렇게 무서워하니 이를 어째!" 하고 말로 표현하면서 함께 무서워해주면 아이의 마음이 한결 편안해집니다. 그리고 "다시 한 번만 더 나타나봐라. 그냥 엄마가 박살을 내버릴 테야. 어디 감히 우리 ○○이에게 나타나서 이렇게 무섭게 만드는 거야!" 하고 부모님이 보호해준다는 것을 확실하게 알려주면 더욱 좋습니다.

그것만으로 부족하다면 아이와 대책을 상의해볼 수도 있습니다. "그래도 또 나타나면 어떻게 해?" 하고 아이가 계속 무서워한다면 "그럼 어떻게 하면 되겠어? 꿈에 나타나면 이걸로 물리치도록 도깨비 방망이를 놓고 잘래?"라는 식으로 아이와 함께 어떻게 하면 물리칠 수 있을지 이야기를 나눠보세요. 이것만으로도 아이는 뭔가 든든한 마음을 품을 수 있게 됩니다.

평소 아이에게 겁을 주는 이야기는 하지 마세요

겁이 많은 아이를 키울 때 쉽게 말을 듣게 하기 위해서 "그러면 밖에 호랑이가 와서 잡아간다!" 등 위협적인 말을 하는 경우가 많습니다. 이런 이야기는 절대 금물입니다. 잠들기 전에 무서운 동화를 읽어주거나 무서운 이야기를 하는 것도 당연히 안 되겠지요.

잠자기 전 15분 동안은 용감하고 지혜로운 아이의 이야기가 담긴 옛이야기를 들려주세요. 용기 있는 왕자가 가시덩굴을 헤치고 나가서 예쁜 공주를 구하는 이야기나 지혜로운 소녀가 현명하게 어려움을 이겨나가는 옛이야기를 들려준다면 아이의 꿈 내용도 바뀔 수 있습니다.

낮 시간에 꿈 속에 나타나는 괴물을 물리치는 놀이를 함께해보는 것도 도움이 됩니다. 이런 일들은 밤 시간에만 다룬다고 해결되지 않을 때가 많습니다.

part

7

부모 역할 자신감 키우기

아이에게 자존감이 중요하듯이 엄마, 아빠에게도 부모 역할 자신감이 필요합니다. 부모 역할도 뭔가 하니까 되는 신바람 나는 부분이 있어야 더 긍정적으로 자녀를 키울 수 있지 않을까요? 그러기 위해선 우선 엄마 자신에 대한 긍정적인 힘을 찾을 수 있어야 합니다.

부모들은 '적어도 나보다는 더 나은 사람이 되어야 할 텐데' 하는 마음으로 아이를 양육합니다. 하지만 뜻대로 되지 않는 것을 차츰 경험하면서 양육 자신감을 점점 잃어가게 됩니다.

어떤 어머니는 "선생님, 그동안 살아오면서 그렇게 잘 안 되는 일은 없었어요. 좋은 부모님 밑에서, 웬만큼 공부하고, 직장 생활하다가 남편 만나서 결혼하고… 그저 특별한 일 없이 살아왔는데 왜 아이 키우는 것은 이렇게 어렵지요? 정말 제 인생 최대의 난관이에요. 그러다 보니 이런 갈등을 주는 아이가 너무 힘들다 못해 밉기까지 해요"라며 눈물을 흘리기도 합니다.

자, 정말 아이를 잘 키우고 싶고, 아이에게 해주고 싶은 것도 많은데, 왜 뜻대로 잘 안 될까요? 수없이 많은 양육서를 읽고 또 읽어도, 양육법을 알려주는 TV프로그램을 보면서 전문가들의 말투를 흉내내보고 그들이 제시하는 방법을 그대로 아이에게 적용해보아도 아이는 달라지지 않고 육아는 점점 더 어렵게만 느껴집니다. 이런 상황에서 잠자기 전 15분 동안 아이를 위해 또 무엇인가를 하라고 한다면 더더욱 부담스럽겠지요.

아이에게 자존감이 중요하듯이 엄마, 아빠에게도 부모 역할 자신감이 필요합니다. 이것을 부모 역할 효능감이라고 합니다. 안 된다고 좌절만 하지 말고, 부모 역할에 대한 자신감을 갖기 위한 기초공사부터 시작해보세요.

부모 역할도 뭔가 하니까 되는 신바람 나는 부분이 있어야 더 긍정적으로 자녀를 키울 수 있지 않겠습니까?

부족한 부분이 무엇인지 점검해보세요

어느 누구도 완벽한 환경에서 완벽하게 성장할 수는 없습니다. 또 지금 내가 처한 상황이 두말할 것 없이 완벽할 수도 없지요. 그런 것은 인간의 세계에서는 꿈꿀 수 없는 부분일 것입니다. 열심히 앞으로 나아가려고 하지만 뭔가 내 발목을 잡고 있는 부분이 언제나 있기 마련이지요. 그것을 먼저 잘 점검해봐야 효과적으로 문제를 해결해나갈 수 있습니다.

여기 간단한 힌트가 있습니다. 다음을 한번 살펴보면서 현재 상황에서 부모님의 양육 태도에 영향을 끼치는 요인이 무엇인지, 부족한 부분이 무엇인지 점검해보세요. 지극히 객관적인 자기 평가가 있어야 문제를 해결할 수 있습니다.

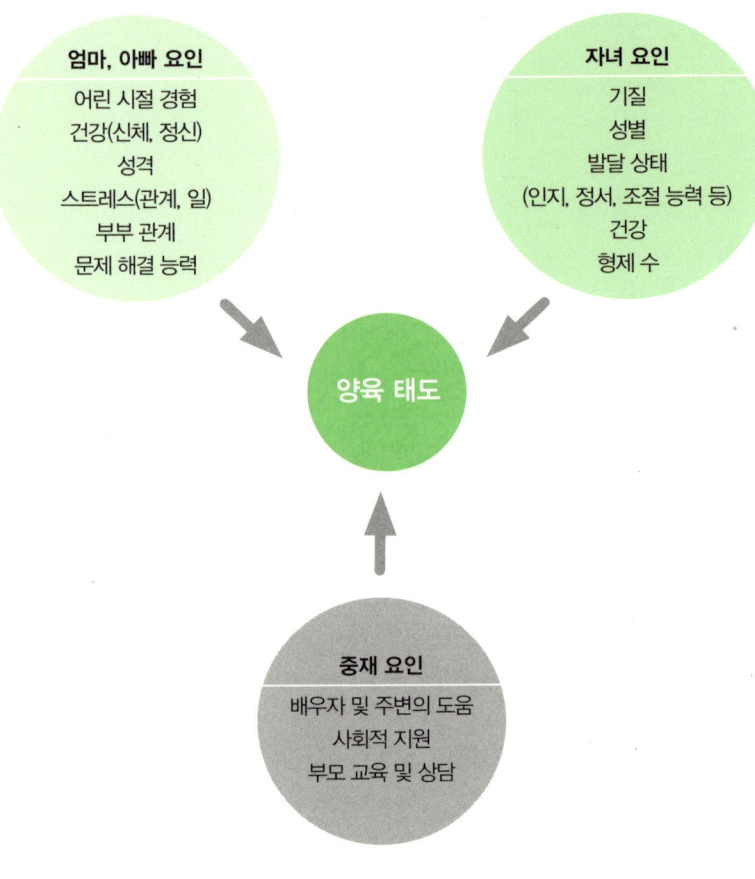

부모의 양육 태도에 영향을 끼치는 요인들

이중에서 나에게 가장 약하고 어려운 부분이 무엇인지 살펴보세요. 어린 시절의 경험이 지금 아이를 양육하는 데 걸림돌이 되고 있나요? 건강 상태가 좋지 않아서 아이를 친절하고 합리적으로 대하지 못하나요? 부부 관계를 비롯한 여러 스트레스가 나를 계속 힘들게 하는데 이것을 해결할 방법이 없어서 무기력에 빠졌나요? 아니면 돌봐야 하는 아이들이 많다 보니 아이들에게 좋은 말을 하기 힘든 상황인가요?

밤만 되면 아이의 에너지가 불끈불끈 솟아올라서 도저히 감당이 안 되어 결국 매를 드나요? 너무 까다로워서 조금만 바스락거려도 잠에서 깨버리니 결국 아이에게 짜증을 부리게 되나요? 이렇게 힘이 드는데 아무도 도와주는 사람이 없나요? 심지어 남편은 너무 바빠서 그림자도 볼 수 없는 상황인가요?

이런 모든 상황들은 엄마의 양육 태도에 영향을 주게 됩니다. 낮 시간에는 그나마 참다가도 엄마의 에너지가 고갈되는 밤 시간이 되면 결국 견디지 못하고 분노가 폭발하는 경우가 많습니다.

자, 이 중에서도 가장 나를 힘들게 하는 것이 무엇인지 한번 찾아보세요. 알아야 문제를 해결합니다. 물론 모든 문제가 복합적으로 얽혀 있겠지만 가장 주된 원인을 찾아야 다음 문제를 해결할 수 있습니다.

혼자서 힘들 땐 도움을 요청하세요

아마 이러저러한 요인들 중 모든 것이 완벽하다고 자신할 수 있는 분은 없을 것입니다. 만약 그런 분이 있다면 그분은 분명 거짓말을 하고 있는 것입니다. "어린 시절 제가 부모님에게 좋은 양육을 못 받아봐서 아이를 어떻게 대해야 할지 모르겠어요"라는 이야기는 20년 동안 상담을 해오면서 참 많이 들은 이야기입니다. "배우지 않았는데 어떻게 알겠어요"라고 항변하기도 하고, "그래서 양육서를 100권도 넘게 읽었는데, 그래도 내 아이는 잘 이해가 안 돼요"하고 힘겨워하는 분들도 많습니다.

"저는 정말 최선을 다하는데 남편이 전혀 도와주지 않으니 그만 포기하고 싶어요"라고 말하는 어머니들도 많고, "아이가 너무 까다로워서 제가 어떻게 할 수가 없네요. 아무래도 전생에 아이와 무슨 악연이 있었던 듯싶어요"라며 우는 어머니들도 있었습니다.

"아이에게 집중하고 싶은데, 큰아이에게 뭔가를 해주면 동생이 가만히 있지를 않아서 너무 힘들어요", "아무리 공부를 시켜도 아이가 잘 따라오지를 않네요. 정말 화가 나요" 등등 어머니, 아버지들의 이야기를 듣다 보면 상담자인 저도 기운이 쭉 빠질 지경입니다.

이렇게 잘 안 되는 것투성이인 양육 현장에서 어떻게 부모 역할에 대한 자신감을 가질 수 있겠습니까? 부모 효능감이 저하되면 아이를 키우는 것이 신나지 않고, 그런 상황에서 잠자기 전 15분까지 뭔가를 하라고 하면 그건 정말 "오~ 노~!"를 외치고 싶은 심정일 것입니다.

늪에 빠진 경우 혼자서 헤쳐 나오려고 하면 할수록 더 깊이 빠지게 됩니다. 그때는 주변에 붙잡을 것을 빨리 찾고 도움을 받아야 합니다. 우리는 절대 혼자 살 수 없는 존재입니다. 상호 협력하면서 살아야 정말 행복하게 살 수 있는 존재로 태어났습니다. 그러므로 빨리 나와 협력할 만한 사람이나 자원이 없는지 살펴보기 바랍니다.

많은 연구들은 주변의 도움, 사회 복지 체계의 활용, 부모 교육 및 상담이 양육 효능감을 높일 수 있는 좋은 중재 방안이라고 권하고 있습니다. 남편이 당장 도움을 줄 수 없다면 불고체면하고 주변의 친인척에게라도 도움을 받아야 합니다. "아이 한 명을 키우기 위해서는 한 마을이 필요하다"는 인디언 속담도 있듯이 말입니다.

정말 도움이 절실할 때에는 부모 교육이나 상담도 아주 큰 힘이 될 수 있습니다. 부모의 마음이 건강해지고 에너지가 생기면 아이들도 달라집니다. 또 남편도 달라집니다. 남이 변하는 것을 목 빼고 기다리는 것보다 나부터 변하는 것이 훨씬 쉽습니다. 나의 변화를 위해 노력해보세요. 그것이 훨씬 더 주체적인 행동입니다.

부부간 불화를 먼저 해결하세요

아이들과 잠자기 전 15분을 잘 보내려면 엄마도 아빠도 마음이 안정되고 편안해야 하는데, 부부간의 갈등이 심할 경우 이런 평정심을 유지하기 어렵습니다.

그동안 상담을 해오면서 정말 많은 아이들이 부모의 불화로 고통받는 것을 뼈저리게 느꼈습니다. 부모가 싸우기 시작하면 아이들은 식탁 밑에 들어가서 웅크리고 있거나, 방에 들어가서 책을 읽기도 하는데 이것은 그나마 나은 대처 방법입니다.

심한 경우, 아이들은 벽에 머리를 찧기도 하고, 멍하게 있다가 잠이 들기도 하고, 울며불며 부모에게 매달리기도 합니다. 부모가 심하게 싸우는 것을 목격한 아이들은 악몽을 꾸기도 하고, 저를 만나러 올 때 어떤 날은 얼굴에 핏기 없이, 어떤 날은 피부가 까맣게 되어 나타나기도 합니다.

최근 많은 연구자들은 부부간의 심한 불화가 아이들에게 노출되는 것은 아동 학대라고 주장하기도 합니다. 이런 상황에서 아이와 좋은 시간을 보낸다는 것은 생각하기 어렵습니다. 그런 부모들에게 잠자기 전 15분 동안 뭔가를 하라고 하는 것 역시 어려운 일이지요. 부부간의 문제가 아이에게 영향을 미칠 수 있다는 것을 알지만 이미 불화가 진행되고 있는 상황에서는 통제가 불가능할 때가 많을 것입니다.

그러나 정말 이혼은 하고 싶지 않다면, 또 아이를 보호하고 싶다면 그 상황을 그대로 내버려두어서는 안 됩니다. 반드시 적극적으로 노력해야 합니다. 부부 상담도 좋은 해결책입니다. 그러나 몇 번 상담을 하고 나서는 "남편이 안 하려고 해요", "상담도 소용이 없어요. 해봤자 하나도 안 변해요. 돈 낭비, 시간 낭비예요"라면서 상담을 그만두곤 합니다.

설마 오랜 시간 동안 쌓인 문제가 몇 번의 상담으로 해결될 수 있을 거라고 생각하는 것은 아니겠지요? 상담은 당장 문제를 해결해주는 마법의 약이 아닙니다. 문제가 복잡할수록 전문가와 함께 더욱 노력과 정성을 기울여야 하는 관계의 텃밭입니다. 이렇게 노력하는 엄마, 아빠의 모습이 아이에게는 문제 해결의 힌트가 되어 좀 더 마음의 힘이 단단한 아이로 성장할 수 있게 됩니다.

아이와 적당한 심리적 거리를 유지하세요

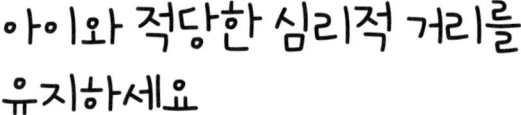

"선생님! 이렇게 칭찬을 해야 아이가 자존감이 높아진다면서요?" "선생님 방송을 빠짐없이 봤는데, 혼을 내면 자존감이 낮아진다고 하셨지요? 그래서 저는 아이를 혼내지 않았어요." "저는 정말 좋은 엄마가 되고 싶어서 아이의 욕구를 빨리 파악하고 들어주려고 최선을 다했어요."

그동안 상담실에서 만난 어머니들 중에는 이런 식으로 다소 과열된 양육 태도를 보이는 분들이 많았습니다. 사실 저는 "아이의 자존감을 높이기 위해서는 혼을 내면 안 된다"는 말을 단 한 번도 한

적이 없습니다. 오히려 "안 되는 것은 단호하게, 하지만 친절하고 반복적으로 가르치세요"라고 이야기했지요.

왜 이런 왜곡이 생기는 것일까요? 이런 부모님들과 조금 더 상담을 하다 보면 대부분 "선생님, 사실은 제가 어릴 때…"라는 이야기가 나오곤 합니다. "어린 시절에 제가 칭찬을 많이 못 받고 자라서…", "제가 자존감이 낮아서…", "부모님이 저에게 크게 신경을 써주지 않아서…"로 시작되는 이야기를 하면서 많이들 울고 돌아갑니다.

이런 분들은 어린 시절 부모로부터 충분한 관심을 받지 못했다는 아쉬움이 큰 결핍감으로 마음에 자리를 잡아서 '내 아이를 키울 때는 적어도 이런 상처를 대물림하지 않겠다'고 결심하고 피나는 노력을 하게 됩니다. 아마 이런 부모들은 이 책에 소개된 여러 가지 방법들을 하나씩 정성스럽게 다 활용해보려고 노력할 것입니다. 이때 몇 가지 주의해야 할 부분들이 있습니다.

아이에게 진짜 필요한 것을 주세요

'어린 시절 상처받은 나'가 마음속에 크게 자리 잡고 있는 부모의 경우 '지금 눈앞에 있는 내 아이의 진짜 욕구'를 간과하기 쉽습니다. '지금 한 살이면 내 아이에게 ○○○가 필요하겠구나.' '지금은 ○○○하니 내 아이에게 필요한 것은 바로 이것이겠구나.' '옛

날에 나는 이럴 때 너무 속상했었어. 그러니까 내 아이도 같은 마음일 거야.'

이렇게 아이의 입장에서 생각하기보다 어린 시절의 자기 모습을 떠올리고 그때 자신이 받고 싶었던 것을 아이에게 주려고 합니다. 다행히 아이가 지금 원하는 바도 그와 같다면 아무 문제가 없겠지만, 그렇지 않을 경우에는 여러 가지 부작용이 생기게 됩니다. 최악의 경우 아이는 "엄마가 내 맘을 알아? 엄마가 나한테 뭘 해줬는데?"라는 폭탄선언을 해서 엄마를 좌절시키기도 합니다.

자, 지금 잠을 자기 위해 내 눈앞에 누워 있는 아이는 나와는 전혀 다른 경험을 하면서 자라는, 나와는 전혀 다른 존재입니다. 물론 내가 과거에 경험한 것과 비슷한 경험을 할 수도 있지만 결코 똑같다고 단정 지을 수는 없지요.

이렇게 아이와 안전한 심리적인 거리를 만들고 나면 잠자기 전 15분 동안의 짧은 대화나 활동을 통해서 내 아이에게 진짜 필요한 것이 무엇인지 알 수 있는 지혜의 눈을 뜨게 될 것입니다.

과도한 리액션은 아이를 쉽게 좌절하게 만듭니다

칭찬은 고래도 춤추게 한다고 생각해서 아이가 조금만 이야기해도 "헉~", "진짜~", "원 세상에" 등과 같이 너무 과도한 리액션을 남발하게 되면 아이는 자신에게 감탄해주지 않는 상황에서 쉽게 좌절하고 눈치를 보게 됩니다.

그러다 보면 아이는 찬사를 받기 위해서 항상 다른 사람이 무엇을 하면 좋아하고 감탄해줄지 고민하게 됩니다. 자신이 아닌 남의 욕구에 맞추려고 애쓰게 되는 것입니다. 아이가 자기 자신을 격려할 때 부모는 "그래, 그렇게 애쓴 네가 마음에 들었단 말이지" 정도로 반응해주면 그것으로 족합니다. 그러면 아이는 자연스럽게 다른 사람의 삶이 아닌 자신의 삶에 초점을 맞추며 성장하게 됩니다.

⭐ 잠자기 전 15분을 꼭 지켜주세요

이 책을 활용할 때 반드시 기억해야 할 것은 15분을 지키라는 것입니다. 일반적으로 잠드는 시간이 지연될 경우, 전체 수면 시간이 줄어들게 되고, 숙면도 취하기 어려워져서 아이의 모든 발달에 부정적인 영향을 미치게 됩니다.

어떤 날은 아이가 좀 더 책을 읽어달라고 간청하기도 하고, 어떤 날은 좀 더 이야기를 하자고 매달리기도 하고, 어떤 날은 다섯손가락 놀이를 더 하자고 칭얼거릴 수도 있습니다. 그때마다 "걱정하지 마. 내일 또 할 거야. 이제 네가 할 일은 잠을 자는 거야. 그래야 내일 하루를 행복하게 보낼 수 있어" 하고 아이에게 이야기해주세요. 잠자기 전 15분 동안은 절대 아이를 흥분시키거나, 지적 자극을 넘치게 주거나, 교훈을 불어넣어서는 안 됩니다.

부모 스스로 칭찬하고 격려해주세요

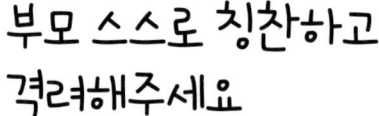

잠자기 전 15분 동안 아이와 함께 누워서 아이 스스로 하루 중 자신을 칭찬하고 격려할 만한 일 5가지를 이야기하게 하고, 그다음에는 엄마도 스스로 칭찬하고 격려할 일 5가지를 말해보세요.

어떤 어머니들은 "스스로에 대해 칭찬할 것 5개만 적어보세요" 라고 말하면 한참 머뭇거리다가 2개 정도 쓰고는 "선생님, 아무리 생각해봐도 없어요"라고 하십니다. 이런 어머니들은 100퍼센트 아이의 좋은 점을 찾아내지 못합니다. 만약 찾아낸다고 해도 그건 거짓말일 가능성이 높습니다. 칭찬이 좋다고 하니까 억지로 하는 거지요. 이런 일이 반복되면 아이들은 엄마의 말이 진실이 아니라는 것을 간파하고 엄마의 칭찬을 믿지 않게 됩니다. 이런 대화가 잠자기 전 15분 동안 이루어지면 안 되겠지요.

자기 자신을 제대로 칭찬하고 격려할 수 있어야 아이도 제대로 칭찬해줄 수 있습니다. 그 방법을 한번 생각해볼까요?

아주 작은 것부터 찾아보세요

아이의 긍정적인 힘을 찾고 잘 격려해주면서 하루를 마치려면 무엇보다 엄마 자신에 대한 긍정적인 힘을 진심으로 찾을 수 있어야 합니다. 오늘부터 거울을 보고 연습하세요. "오늘 ○○○을 하다니 애썼다"라고 스스로에게 말해주고 스스로 머리를 쓰다듬어주세요.

거창한 일을 떠올리려고 하면 잘 생각나지 않겠지요. "오늘 나는 콩나물국을 맛있게 끓여서 온가족이 맛있게 먹었어. 잘했어, ○○이 엄마"와 같이 아주 작은 것부터 스스로를 격려할 일을 찾아보세요. 이렇게 일상생활에서 작은 일을 찾아 격려하는 엄마의 모습은 아이에게 좋은 영향을 미치는 강력한 교과서가 됩니다.

결과보다는 과정에 초점을 두세요

칭찬할 것을 스스로 찾아보라고 할 때 쉽게 찾지 못하는 분들은 칭찬의 개념을 잘 이해하지 못하고 있을 가능성이 높습니다. 하루 동안 내가 한 행동 중 결과에만 초점을 두게 되면, 정말 칭찬할 일이 별로 없을 수 있습니다. 관점을 조금만 바꿔보세요.

먼저 '오늘 나는 어떤 노력을 했지?' 하고 생각해보세요. 우리가 노력한다고 다 성공합니까? 실패에 위축되거나 좌절하지 않아야 해결 방법을 찾을 수 있고, 이를 성실하게 반복하면서 결국 성공하는 것이지요. 엄마, 아빠 스스로 결과가 아닌 "오늘 엄마는 어떤 노력을 했냐면, ○○○ 했지. 오늘 그렇게 노력한 엄마를 칭찬해주고 싶어"라고 노력의 과정을 아이에게 이야기하는 것입니다. 이런 태도로 잠자기 전 15분을 보낸다면 엄마에게도 그 시간은 힐링이 되고, 아이에게는 좋은 가치관이 만들어지는 시간이 될 것입니다.

인격보다는 행동에 초점을 두세요

잠자기 전 15분 동안 스스로에 대해 격려할 부분을 찾아서 이야기할 때 "역시 엄마는 똑똑해", "엄마는 너무 착한 것 같아"처럼 인격에 초점을 둔 표현은 삼가는 것이 좋습니다. 만약 이후로 그런 행동을 안 하면 엄마는 나쁜 사람이고, 미련한 사람이 되는 건가요? 그건 아니지요. "그렇게 노력한 내가 기특해" 정도면 충분합니다. "뭔가 하려고 노력한 나 자신이 오늘은 마음에 들어"라고 행동과 그에 대한 감정에 대해 표현하면 됩니다.

이런 격려를 반복하다 보면, 엄마 자신이 스스로에게 호감을 느낄 수 있게 되어 점점 심리적으로 튼튼해지는 것을 느끼게 될 것입니다. 이런 엄마와 15분을 함께 보내는 아이 역시도 심리적으로 건강해질 수 있겠지요.

남과 비교하지 마세요

평상시에도 자신에 대해 격려할 때 "그래도 옆집 엄마보다는 내가 더 낫지", "내가 뒷집 엄마보다도 못하다니 이럴 수가" 하는 식으로 이웃 엄마들과 비교하면서 자신을 채찍질하지 말기 바랍니다. 물론 다른 사람이 어떻게 행동하는지, 보편적이고 객관적인 기준이 무엇인지 살필 필요는 있지만 이것을 "네가 더 잘했네", "내가 더 잘했네"라는 식으로 비교하기 시작하면 다른 사람과 좋은 연대 의식을 갖기 어려워집니다.

이런 태도는 잠자기 전 15분 동안 아이와 나누는 대화에서도 티가 나게 됩니다. 이런 비교 의식은 나답게 살지 못하게 만들고 삶의 행복감을 떨어뜨립니다. 또 아이가 그대로 답습해 아이 역시 있는 그대로의 자신으로 살아가지 못하게 되겠지요. 굳이 비교를 하고 싶다면, 어제의 나와 오늘의 나를 비교해 발전한 부분과 더 노력해야 할 부분을 찾아보세요.

"내일은 내일의 태양이 떠오른다"고 외치세요

《바람과 함께 사라지다》라는 책에서 스칼렛 오하라는 모든 것을 다 잃은 절망의 순간에 "내일은 내일의 태양이 떠오른다"고 이야기합니다. 네, 그렇습니다. 오늘은 너무 지쳐서 몸과 마음이 모두 소금에 절인 배추처럼 축 처졌다고 할지라도, 우리에게는 또 새롭게 시작되는 내일이 있습니다. 내일이면 하루만큼 더 성장한 나와 아이가 있습니다.

언제 저 너른 논에 모를 다 심을지 막막하지만, 하루하루 조금씩 심다 보면 어느 날 문득 모가 드넓은 논 한가득 심어져 있는 것을 발견하게 됩니다. 그저 오늘 하루를 성실하게 책임감 있게 살아가는 것, 내일은 내일의 태양이 떠오른다고 여기며 새롭게 시작하는 마음, 이를 통해 아이와 부모는 한 뼘 더 성장해나갈 것입니다.

에필로그

아이와 함께하는 행복한 하루의 마무리

　오랜 시간 상담 현장에서 많은 부모님들을 만나왔습니다. 저마다 고민을 한가득 가지고 오시지만 그중에서 부모님을 무력하게 만드는 고민 중 하나가 아이가 잘 안 먹고, 잘 안 자고, 아무리 훈육을 해도 잘 듣지 않는 문제였습니다.

　말을 안 듣는 것은 엄하게 꾸짖는 등 나름대로 방법이 있지만 안 먹고 안 자는 것은 어찌할 도리가 없다고 하소연하는 경우가 많았습니다. 특히 아이가 잠을 자지 않으려 하는 경우, 하루의 고단함을 정리해야 하는 시간이 짜증과 울음으로 뒤덮이다 보니 하루 중 가장 힘든 시간이 된다면서 이를 해결할 방법을 찾고 싶어 했습니다.

　그러나 잠자기 전 시간을 잘 보낸다면 하루의 피로도 풀고, 낮 시간에 갖지 못했던 부모와 자녀 간의 깊은 유대감도 느낄 수 있습니다. 여기에는 그렇게 긴 시간이 필요하지 않습니다. 15분 정도면 적당합니다.

예를 들어 낮 동안 아이와 보낸 시간이 너무 짧았다고 해서, 혹은 아이가 잠이 오지 않는다고 해서 잠자기 전에 너무 긴 시간을 함께하면 오히려 아이가 숙면하지 못해 건강한 성장을 방해하게 됩니다. 그뿐만 아니라 엄마의 휴식 시간이 줄어들어 피로도가 점점 높아지게 되지요.

잠자기 전의 이 짧은 시간은 어떻게 보내느냐에 따라 투쟁의 시간이 될 수도 있고, 하루를 잘 마무리하며 편안하고 행복한 마음으로 잠자리에 드는 기분 좋은 시간이 될 수도 있습니다.

이 책은 먼저 매일 잠자기 전 15분 동안 아이와 함께 시간을 보낼 때 아이에게 어떤 정서적 변화가 찾아오는지, 아이와 부모에게 잠자기 전 15분이라는 시간이 어떤 의미를 갖는지에 대해 살펴보았습니다. 또 어머니들이 아이들의 잠과 관련하여 힘들다고 호소한 문제들을 중심으로 아이들의 마음을 잘 이해해줄 수 있는 방법들을 찾아보았습니다.

아이들이 쉽게 잠들지 못하는 데에는 여러 가지 이유가 있습니다. 아이의 탓만 할 수도 없고, 부모의 탓만 할 수도 없습니다. 이에 이 책에서는 아이와 부모가 각각 제공하는 원인들을 찾아보고 이를 원활히 해소할 수 있도록 다양한 방법들을 제시하였습니다. 이 방법들을 상황에 따라 잘 활용한다면 아이와 부모 모두 서로의 마음을 이전보다 더 잘 이해할 수 있게 되어 관계에 좋은 변화를 맞을 수 있습니다.

지금 육아에 어려움을 겪고 있다면, 잠자기 전 15분만이라도 낮 동안 너무 바빠 챙기지 못했던 아이의 마음을 들여다보고 아이에게 오롯이 집중해보세요. 아이가 진정으로 바라는 것은 부모님과의 좋은 관계입니다. 그러나 어떤 일도 한 번 해보는 것으로 큰 효과를 기대할 수는 없습니다. 매일매일 잠자기 전 15분만은 꼭 아이와 함께하는 시간으로 만들어주세요. 이렇게 노력하는 부모님의 모습을 보면서 아이는 깊은 사랑을 느끼고 누구보다 건강하게 성장할 것입니다.

부디 이 책이 아이를 더 많이 사랑해주고 싶은 부모님들에게 좋은 길잡이가 되어주기를, 그리하여 모든 부모님과 아이들의 하루가 늘 행복하게 마무리될 수 있기를 바랍니다.

**잠자기 전 15분,
아이와 함께하는 시간**

초판 1쇄 발행 2017년 4월 24일 **초판 9쇄 발행** 2022년 3월 22일

지은이 이영애
펴낸이 이승현

편집1 본부장 배민수
에세이2 팀장 정낙정
디자인 조은덕
기획실 박경아

펴낸곳 ㈜위즈덤하우스 **출판등록** 2000년 5월 23일 제13-1071호
주소 서울특별시 마포구 양화로 19 합정오피스빌딩 17층
전화 02) 2179-5600 **홈페이지** www.wisdomhouse.co.kr

ⓒ 이영애, 2017

ISBN 979-11-86117-78-1 13590

- 이 책의 전부 또는 일부 내용을 재사용하려면 반드시 사전에 저작권자와
  ㈜위즈덤하우스의 동의를 받아야 합니다.
- 인쇄·제작 및 유통상의 파본 도서는 구입하신 서점에서 바꿔드립니다.
- 책값은 뒤표지에 있습니다.